いま、震災・原発・憲法を考える

続・キリスト教の世界政策

近藤勝彦

教文館

はじめに

主イエス・キリストの十字架を歌った讃美歌に一三九番（一九五四年版）があります。「うつりゆく世にもかわらで立てる、主の十字架にこそ、われはほこらめ。……おそれとなやみのせまるときにも、十字架はやすきとよろこび満てり」（一節と三節）と歌います。いつの時代にも教会が立つべき主の十字架の福音を鮮明に伝え続けることは、教会の重大な使命であり、また大きな喜びです。この使命と喜びを身に帯びながら、とりわけ二一世紀に入って、私たちは今、多くの試練の中に、まさに恐れと悩みの迫るときの中に置かれているのではないでしょうか。

未曾有のスケールをもった大震災に襲われました。なお終息しないままに原発事故を抱えています。グローバル化した金融や経済不況の中に置かれ、高齢社会の重荷と若者たちの不安定な雇用問題も未解決のままです。国際テロリズムにもさらされています。地球温暖化による異常気象はすでに世界各地にその姿を現し、一方では大量の集中豪雨、他方では干魃、それによる大量の難民の発生をもたらしていると言われます。エボラ出血熱や鳥インフルエンザのパンデミックに対する警戒と戦いもなされています。二一世紀の文明の諸課題は多く、広大な影響範囲に及んでいると言わなければならないでしょう。キリスト教会はその中で、主イエス・キリストとその出来事における神の決定的な救いの御業を信じ、その救いの出来事が世の終わりまで効力を発揮する終末論的な大転換であったことを宣べ伝え、そこから将来を神の国の到来のときと信じて、御国への希望を確信しています。救いへの感謝と希望は、日々の現実を生きる勇気と忍耐を支えるとも確信しています。

それではキリストの出来事に啓示された神の救いの御業とその信仰から、今、現に直面している諸問題にどう取り組んだらよいのでしょうか。もちろんキリストの福音そのものを伝えることが世に対する教会の働きの中心であり、またすべてであると言ってもよいでしょう。しかしそのとき、キリスト教信仰が時代の大問題をどう理解し、どういう意味でなお希望を抱いているか、できる限り明らかにする責任もあるのではないでしょうか。この課題を「キリスト教の世界政策」と呼びたいと思います。

本書は特に「震災」「原発」「憲法問題」を扱い、それに「平和問題」や「生命の問題」「教育問題」などを加えています。現代の諸問題について、折々の依頼に応えて講演したものを収録しました。その初出はあとがきに記してある通りです。キリスト教神学からそれ以外の分野に踏み込む内容になっています。教会と伝道の現実的課題を思えば、専門的な学問領域か否かといった区別を越えて、踏み込むべきところに踏み込んでいかなければならないでしょう。「続・キリスト教の世界政策」と副題に掲げましたのは、先の『キリスト教の世界政策——現代文明におけるキリスト教の責任と役割』（教文館、二〇〇七年）と同一の課題に取り組み、それに続くものであるからです。同じ課題を共有している教会と信仰の兄弟姉妹、またキリストの福音を求めて求道している方々に少しでも役立つところがあれば幸いと思っています。

目次

第4章　憲法問題とキリスト教信仰

第5章　平和を求める祈りと憲法第九条

第8章　宗教心と心の教育

第9章　キリスト教学校の使命
——震災と試練の時代にあって

装丁　長尾　優

第1章　大震災と不安の時代に生きる

私たちが生きている今の時代をどう表現したらよいのでしょうか。現代は高度な技術社会であり、情報、金融、経済が地域や国境を越えて相互影響の中にあり、政治も文化も深く関連し合ったグローバル文明の時代であると言ってよいでしょう。しかし同時に、私たちが生きるこの時代が「不安な時代」であることも否定できないことではないでしょうか。

1　「不安な時代」としての現代

現代を脅かし、人々に不安を引き起こしているさまざまな原因を考えてみますと、色々な事態が挙げられるでしょう。日本社会は特に「自然災害」を経験し、巨大な地震と途方もない津波の被害を受けました。未曾有の経験でしたが、事実はそれが決して未曾有のものでなく、何百年かの間に繰り返し襲ってくる可能性のあることと知らされ、同様の事態が今後それほど遠くない将来、別の地域で発生する可能性が大きいとも言われます。特に東海、東南海、南海地震は確実に来るとも言われ、それらが連動して起きることも予想されています。東京では政府の地震対策委員会によってマグニチュード7以上の直下型地震が向こう三〇年間に七〇パーセントの確率で起き、その際予想される死者は一万一〇〇〇人と予測されました。ごく最近（二〇一二年）では、東京大学地震研究所による発表で向こう三〇年間ではなく、今後四年以内であるとさえ言われるようになりました。さらに「原子力発電所の事故」に襲われたことから、改めて現代の主要なエネルギー源として構想され、遂行されてきた原子力発電がどういう困難を抱えているか深刻に考えさせられるようになりました。原子力発電は、一旦事故を起こすと、どれだけ広範囲に、また継続的に放射能汚染によって負担をかけ続けるか、私たちは身をもって経験しました。福島第一原発の事故処理はいまだ終息の見通しが立たず、放射能汚染水の管理もできない状態です。原子力発電のためには、当然、使用する燃料が必要ですが、その結果もたらされる「使用済み核燃料」は、使用済みになってからも一〇万年もの間、放射能を出し続けるということ、人類はその使用済み核燃料を最終的にどこに廃棄できるか、その場所もないままに、原子炉の運転をもう何十年も続けてきたという事実が改めてクローズアップされています。

さらには経済や金融の不安も大きく、経済不振の状態が世界規模で起きており、そこから脱出する目途がなかなか立たずにいます。ギリシャやスペインなどヨーロッパ経済の先行きいかんでは、世界恐慌的危機の可能性さえあると言われます。また、日本社会での少子化は、他の諸国に例がないスピードで進行し、日本全体が縮んでいくような不安にあります。少子高齢化の問題に、年金問題や社会保障制度の根本問題に影響します。若者の就職状況は依然として不調で、若い世代の中に非正規雇用に従事している人々も多く、格差社会の構造が固定化してきて、それがその次の世代の教育にも影響を与えていると言われます。かつては教育は社会の登竜門として、社会格差を攪拌《かくはん》する作用がありました。いまや教育システムそのものが格差社会の構造の中に嵌め込まれているわけです。

こうしたことを受け止めて、この時代の中をどう生きるか、この不安な時代に生きる人々にキリスト教会はどのような信仰によって、どのような精神的支えや慰めを与え、また生きる勇気づけや方向づけ、そして問題と取り組む知性や問題に耐える忍耐と希望を鼓舞することができるでしょうか。「不安な時代」の中で信仰は決して単なる「気休め」を与えるものではないでしょう。主イエス・キリストによって三位一体の神を信じ、生ける神に希望を寄せる信仰が、この時代にどういう意味を持ち、教会に連なって生きることがどういう力や意味を与えるか、改めて学びたいと思います。そして信仰に生きることが、深い喜びと大きな力をもって人生を支え、希望を与えることを学び、信仰経験を共有していきたいと思います。特に教会的な信仰を学んで、信仰の喜びと力を共有したいと思います。

2　自然と歴史の恐怖の中で

第一に、聖書の信仰は、決して自然や歴史が与える恐怖を知らない信仰ではないことに注意を向けたいと思います。聖書はさまざまな自然災害や歴史の試練から目をそむけ、一旦それに直面すると力を失ってしまう蜃気楼のような気休めの言葉を語っているわけではありません。ある地震学者の話では、地球には「柔構造」と言うべきものがあって、地表は延びたり縮んだりしているそうです。地球の中心にはマグマがあり、高温度で煮えたぎっている状態ですから、地球は決して固定した大地ではないのでしょう。それどころか宇宙全体が爆発しているという見方があります。人類史を顧みれば、民族間の対立や争いがあり、それに自然現象も影響して、疫病の蔓延や大飢饉が起き、略奪や戦争も繰り返し起きました。聖書はそういう自然や歴史の恐怖の中で、救いの出来事を知らされ、神の存在とその御旨、御業を信じて生きた神の民の証言です。イスラエルを通し、また預言者と使徒を通して、初代教会の人々の信仰の証言を通して神の救いの御業を知らされました。特に決定的に、主イエス・キリストにおける神の救いの出来事が使徒的な証言によって伝えられ、主イエス・キリストと聖霊を通して働く神を信じ、神に信頼と希望を寄せて生きる信仰を伝えられてきました。聖書により教会が信じ伝えてきたこの信仰は、あらゆる時代の試練を受け止め、希望を失うことなく生き抜く人生の力でした。

聖書的、教会的な信仰の中から、一つの例として「創造の信仰」を取り上げてみましょう。「創造の信仰」は、旧約聖書の詩編、ヨブ記、イザヤ書などに記され、新約聖書の色々な箇所（ローマの信徒への手紙、エフェソの信徒への手紙、コロサイの信徒への手紙など）にも語られています。しかし何と言ってもよく知られているのは、創世記冒頭の創造記事です。聖書は「初めに、神は天地を創造された」という言葉から始まります。「神は言われた。『光あれ』。こうして光があった」。この御言葉は、「神は言われた」とあるように、私たちが経験するこの世界の現実すべてを「神の言葉による創造」からきているものと告げています。そして神は光を「よし」とされ、光と闇を「分け」、光を昼と「呼び」、闇を夜と「呼び」ました。創造は神の御言葉によるということは、やがて「無からの創造」という創造理解の根拠にもなりました。世界の創造は神の御意志からきているというのです。その創造には被造物を「よし」とする神の肯定があります。また「分ける」行為、つまり境界を定め、被造物相互の間に秩序を造ることが含まれています。そして神が「呼ぶ」とも言われています。創造行為の中で神が呼ばれたということは、神が名付け、それを呼ぶことで、被造物に関わりを持っていることです。つまり神は、被造物を造りっぱなしではなく、それを「統治」する「主権」を持つ主なる神であるということ、そして神が統治する仕方で被造物との関わりを持ち続けてくださることを意味しています。この「創造の信仰」

は、歴史と自然が与える恐怖を知らずに語られたのではありません。「闇」があり、「夜」があることを知っています。しかしそれでもこの記述は、自然も歴史も神の造られた被造物であり、神こそが創造者にして統治者、そしてその摂理の中で恵みのうちに関係を持ってくださる方であること、つまり歴史と自然の主である神への信仰を表明しています。この背後には創造の信仰を伝えた人々の厳しい現実経験があって、その現実との信仰的な戦いの中で創造の信仰は告白されています。

二節にはこうあります。「地は混沌であって、闇が深淵の面にあり、神の霊が水の面を動いていた」。「神の霊」とあるのは「聖霊」を意味するという解釈もないわけではありません。しかしここでの「神の」という言葉は、「猛烈な、激烈な」という形容詞の意味という解釈もあり、この解釈の方に妥当性があるように思われます。そうしますと、水の面を「暴風」が吹き荒れていたという「現実経験」が意味されていることになるでしょう。神の創造は、この混沌、形なく空しい破壊的な力の現実、暴風の現実を抑え、神こそが主であることを示す行為を意味します。神の創造の力は、混沌に打ち勝って秩序を与え、この世界を形成し、それを肯定し、名を呼ぶ仕方で統治する神の恵みの働きを意味します。

この創造の信仰を告白し、世に伝えた人々は、バビロン捕囚の時代で、イスラエル崩壊期の人々であったと言われます。彼らは敗戦と略奪の悲惨を経験し、飢餓に襲われ、地上の人生を生きることが恐怖と不安の中にあることを経験した人々でした。彼らはその中で絶望と戦いました。「出エジプト」の出来事でイスラエルを救い出してくださった神は、「新しい出エジプト」をもってバビロンから導き出してくださる。そういう救済者なる神を信じる信仰を持って、歴史の恐怖や自然を含めて荒々しい現実の恐怖と信仰的に戦ったのです。ですから創造の信仰は、絶望との戦いの中で、神の勝利を信じる信仰告白なのです。

やがて新約聖書は、主イエス・キリストとその御業、主のご生涯と特にその十字架の死、そして復活の出来事を伝え、それらの出来事の中に神が創造的、救済的に働いてくださっていることを証言しています。主イエスの出来事における神の救いを信じることで、新約聖書は創造の信仰を一層深く理解するようになりました。神がそれによって世界を創造された「神の言葉」とは、実は主イエス・キリストご自身であり、御子にいます神が創造を起こす言葉であったと知らされました。また主イエスの「復活」に働く神は、「死者に命を与え、存在していないものを呼び出して存在させる神」（ロマ四・一七）であると知り、神の力が罪と死に打ち勝ち、新しい命に生かす力であると知り、神の働きが創造的、かつ救済的であることを主イエス・キリストにあって一層深く知ったのです。キリスト者は、父、子、聖霊なる神がすべてのものを創造し、救済し、そして完成にもたらしてくださる、そういう大きな神の救済のご計画があると信じ、その信仰のもとに日々を歩みます。

3　不安の正体、その根本問題

一体、私たちが日々の生活の中で「不安」に陥り、脅かしを受けるのは、どうしてでしょうか。「不安」と同様な心の状態に「思い煩い」があります。私たちは何か心配事に直面すると「思い煩い」に陥ります。気がかりなことが頭から離れなくなり、眠れなくなりもします。そしてすべてが不安に思われてきます。そのとき一体何が起きているのでしょうか。なぜ平安を失い、安心できず、気がかりなことに悩まされるのでしょうか。実際に世の中に困難があるのだから、仕方がないと言うべきでしょうか。世界恐慌が心配され、向こう何年以内にマグニチュード7以上の大地震が襲ってくる、その可能性は七〇パーセント以上などと言われて、不安になり、悩まない方がおかしいと言うべきでしょうか。高齢化社会で年金問題はいよいよ困難になる、消費税が上がり、日本もギリシャのようにデフォルト（債務不履行）になって国家が潰れるなどと言われます。それらは現実のことだから、心配しない方が鈍感すぎると言うべきでしょうか。

しかし「不安」や「思い煩い」には、あるものが欠けています。まったく欠如しているとは言えないとしても、それを重視していません。まったく無視はしていなくとも、そこに自分の身を委ねていないものがあります。それは何かと言えば、「神が生きておられる」という事実に対する信頼です。神が憐れみの神、恵みの神であり、信頼を寄せることのできる神であって、その神が共にいてくださることに信頼していない、信頼の感覚を欠如しているということです。人間が「過度な不安」に悩まされるとき、生ける神がおられ、その神が主、私たちの人生の主であるということ、そして同時に世界の主、万物の創造者、世界歴史の主であることを、心の底からは信じていない、頼りにしていないのではないでしょうか。そしてそのために結局は、自分自身が単独で人生の中心や責任者の位置に身を置くようになってしまいます。「不安」の根本問題は、「思い煩い」の根本問題とも同じで、結局は「信仰」について真面目でない、その意味では「不信仰」に傾いているということではないでしょうか。フィリピの信徒への手紙には「どんなことでも、思い煩うのはやめなさい」(四・六)とあります。それには続いて「何事につけ、感謝を込めて祈りと願いをささげ、求めているものを神に打ち明けなさい」と言われます。「そうすれば、あらゆる人知を超える神の平安が、あなたがたの心と考えとをキリスト・イエスによって守るでしょう」と言うのです。神が本当に神であることを信じ、その神に本気で頼ることが重大で、それをしていないのが、人間の不安の正体ではないでしょうか。思い煩いがそこから生じます。それは結局、本気で神を信頼していないために、自分が神に代わって人生の「主」になっている状態です。負いきれない責任を自分でいつのまにか負おうとしている状態です。結局は、神でなく、自分を中心にしてしまっています。悩み、思い煩い、不安になり、眠れなくなるほどに怯え、悩んでいるとしても、結局のところそれは「自己肥大」で「自己中心」です。不信仰による神信頼の欠如、そして祈りの欠如が、不安な状態となり、思い煩いになります。

ただし、それなら必死に祈ればよいのかと問われれば、祈るときの大切な信仰を思い起こす必要があると言わなければならないでしょう。繰り返し熱心に祈ることは重要です。しかしその際欠いてはならないことは、信頼して祈ること、心から信頼して、そして安んじて祈ることです。「信頼の祈り」は、必ずしも「必死の祈り」と同じではないでしょう。ある神学者（P・T・フォーサイス）が神に心を変えていただけたと思えるまで必死に祈るように勧めたことがあります。それも祈りの重要な姿勢と思います。しかし一つの祈りに凝り固まって、同じ言葉をくどくどと繰り返し、偏執的に固執すればよいかとなると話は別です。それは本当の信頼の祈りではないでしょう。主イエスは「自分の命のことで何を食べようか何を飲もうかと、また自分の体のことで何を着ようかと思い悩むな。……あなたがたの天の父は、これらのものがみなあなたがたに必要なことをご存じである」（マタ六・二五）と言われ、「何よりもまず、神の国と神の義を求めなさい」（マタ六・三三）と言われました。何事につけ、祈りと願いをささげ、神に打ち明けるのですが、それはまた「感謝を込めて」であり、「何よりもまず、神の国と神の義を求めて」です。信頼は、感謝を伴い、喜びを伴います。生ける神への信頼の中で、何事につけ祈り願うことが「信仰の力」になるのではないでしょうか。神に信頼を置き、希望を見出すことは、信仰による「勇気」にもなり、平静な判断や忍耐強さの源にもなるでしょう。

聖書はまた「臆病」であることを大きな罪として描いています（マタ八・二六、黙二一・八）。臆病になっているとき、私たちは神を小さくしてしまっているからです。神をその偉大な大きさのままに信じていない。そういう不信仰、あるいは小さな信仰から、人間は不安になり、思い煩い、さらには臆病にもなるのではないでしょうか。

どうしたらよいのでしょう。神を大胆に信じ、全面的に信頼し、わが人生、わが世界の主と信じて、自分の人生をそこにかけさせていただけばよいのです。しかしそうは言っても、誰だって、時には不信仰になります。時にはどころか、しばしば不信仰になるでしょう。信頼する信仰が揺らいで、信仰の薄い者になることが多いのではないでしょうか。しかしそれでもよいのです。その信仰の薄い者を主イエスは御自分の御手を伸ばして捉えてくださり、決して離さず、捉えながら、「信仰の薄い者よ、なぜ疑ったのか」（マタ一四・三一）と言ってたしなめてくださいます。この主イエスを私たちは「わが主、救い主、キリスト」と信じています。自分の信仰を確信できなくとも、不信仰になるときにも捉えてくださり、信じる者になりなさいと言ってくださる主イエスを信じています。主の憐れみを信じ、また信仰を与え、祈れない者に呻きによって祈らせてくださる聖霊を信じています。

4　御子をさえ惜しまぬ神、今日も私たちのために執りなしてくださる御子

ローマの信徒への手紙八章には、神は私たちの味方、私たちのためにいてくださる方であると言われ（八・三一）、何ものも私たちをこの主イエス・キリストにある神の愛から引き離すことはできないと記されています。その神は、ご自身の御子をさえ惜しみませんでした。ですから、すべてのものを与えてくださるに違いないと言われます（八・三二）。主イエス・キリストに起きた出来事の中に、神の決定的な救いの出来事があり、それを信じて、そこから神とその御旨と御業を理解しているわけです。同じローマの信徒への手紙八章二〇節には、聖霊が弱い私たちを助けてくださると言われ、三四節にはキリスト・イエスが私たちのために執りなしてくださると言われます。三位一体の神の信仰が語られ、生ける神が御子にあって、また御霊にあって、救いの神、守り支えてくださる神であることが記されています。このことは、今日の私たちの信仰の経験でもあるでしょう。「キリストの愛」が語られ、キリストを通して今日も働いておられる「神の愛」が語られています。過去のことではありません。過去にもそうでしたが、今、現在、神が私たちのために、味方でいてくださり、キリストが執りなしてくださり、聖霊が助けてくださいます。私たちに対する主イエス・キリストの奉仕があり、御霊の助けがあります。神が愛し

てくださっていることを観念的、抽象的なことと思ってはならないでしょう。何ものによっても破られない神との平和の中に入れられ、今日も仕えてくださる主イエスに支えられ、御霊を通して私たちは用いられているのです。

このことは、私たちの「礼拝の経験」でもあります。礼拝は、私たちが神を真に神として讃美するときですが、私たちが捧げる礼拝は、礼拝の第二義的な側面です。主イエス・キリストにある礼拝の第一義には、教会の礼拝の中で神ご自身が働いてくださっているということがあります。礼拝の中で私たちは神を真に神とすることで神に奉仕します。しかしそれができるのは、その前に、もっと根本で、神ご自身が私たちに対して奉仕してくださっているからです。「わたしの父は今もなお働いておられる。だからわたしも働くのだ」（ヨハ五・一七）という主イエスの御言葉は、礼拝の中で経験されます。「人の子は仕えられるためでなく、仕えるために来た」（マコ一〇・四五）と主は言われました。今日も主に仕えられていることを信じて、この信仰経験を感謝しなければならないでしょう。「主イエス・キリストに今日も仕えられている」と知ったら、私たちも主に仕え、互いに仕え合い、主を知らない人にも仕えるのではないでしょうか。伝道とはそういう他の人に仕えて、もっとも重大なことを伝える業だと思います。礼拝はそのための原動力が与えられるときでもあります。

不安な時代であればあるほど、生ける神とその福音を、その驚くべき恵みの御業を信じさせていただいていることを喜び、それを力として経験し、伝えなければならないでしょう。神の驚くべき恵み、神が私たちに仕えてくださっていること、主の十字架による救いはただ過去のことではなく、今日の現実です。過去の歴史のイエス・キリストは、そのまま同一の方として「現在のキリスト」です。私たちはそのことを礼拝において、御言葉を通して週ごとに新しく知らされ、聖礼典を通して主キリストにあずからせていただいています。今日、復活の主イエス・キリストの臨在に触れ、その十字架に生かされています。

この恵みを信じることとは、現実に対する恐怖から少し身を離し、神に信頼を寄せ、神の御栄えをほめたたえるのではないでしょうか。そうすることで、神を真に神として、神に信頼を寄せながら、困難な現実と取り組むことができるのではないでしょうか。神に信頼を寄せていることが、現実から目をそむけない力になります。神に捉えられ、主イエスに仕えられていることが、現実に巻き込まれるような仕方で捉えられるのでなく、現実から自由な力、ディタッチメントの力になって、現実に取り組めるようにされるでしょう。偉大なる、驚くべき神の恵みに対する信仰から、喜びと力が溢れ、恐怖に打ち勝ち、勇気と知性の働きを鼓舞されると確信します。

5　主イエス・キリストの出来事から災害の意味を学ぶ

東日本大震災は二万人近い人々の生命を奪い、何十もの市町村を破壊しました。原発事故は何十万の人々の故郷と職場を奪い、いつ終わるとも知れない放射能の危険を残しました。この災害にどういう意味があったのでしょうか。これだけの災害が何の意味もない、無意味なことだったということはないでしょう。それでは、どういう意味を学ぶことができるのでしょうか。「災害の犠牲者、被災者の救済」という大きな問題があります。これには政治や経済による救助も問われますが、本当の救いはその人々の傍らに、誰よりも身近に立つ主イエス・キリストの十字架による救済を仰ぐ以外にありません。「ほかのだれによっても、救いは得られません。わたしたちが救われるべき名は、天下にこの名のほか、人間には与えられていないのです」（使四・一二）。その人々のためにも御子にいます神、主イエス・キリストは十字架にかかられ、僕となって仕えておられます。誰もキリストなしに苦しみ、死んでいったのではありません。飼い葉桶に身を横たえ、十字架にかかられた主イエスが、仮設住宅におられないはずはありません。主の贖罪は神が選ばれるすべての人を包みます。

しかしそれにしても神の摂理、神の統治のもとにあって、こうした災害がいかなる意味をもって生じたのでしょうか。ルカによる福音書一三章には歴史的災害と自然災害について主イエスの言われた言葉が伝えられています。それは、「ピラトがガリラヤ人の血を彼らのいけにえに混ぜた」という歴史的な迫害の事件が主イエスに告げられたときのことです。主イエスは「シロアムの塔が倒れたとき一八人が死んだ」という自然災害についても触れ、その犠牲者たちが決して他の人々よりも罪深かったからではないと言われ、「あなたがたの悔い改め」の教訓であると語りました。ヨハネによる福音書九章には「生まれつき目の見えない人」について、主イエスは「神の業がこの人に現れるため」とも言われました。どんな災害も、神の摂理の中にあって「警告」と「約束」の意味を持ちます。悔い改めが起こり、神の栄光が現れる、それが災害の摂理的な意味と言われます。日本が第二次世界大戦で多大な犠牲者を出しながら敗戦を経験したとき、そこには悔い改めへの警告と神の栄光の現れの約束が込められていたのではなかったでしょうか。しかしその意味に十分に応える魂の根本からの方向転換はなく、約束も先に延期されました。今回の大災害を無意味に終わらせないためには、そこに込められている警告と約束を聞き分ける必要があるのではないでしょうか。それがなされないままであれば、すべては繰り返しの中に落ち込むでしょう。どのように警告を聞き、約束を聞くか、教会の責任が問われます。古い社会への回帰ばかりが語られているように見えますが、神へと立ち返る新しい人間、新しい共同体造り、新しい市町村造りがどうしたら可能でしょうか。まず福音が伝えられなければ、一歩も進めないのではないかと思います。

原子力発電の事故はどのような警告と約束を示しているでしょうか。聖書にじかに記されていませんから、いろいろ解釈し、考える可能性があることを承認しなければならないでしょう。しかし私には、神が命じられた「自然の統治」を責任的に再検討する機会とすべきと思われます。高慢な自然支配は止めるべきと思われます。神が主であるこの万物の世界の中で人間はなし得ることに何でもしてよいわけではありません。生命科学やバイオテクノロジーの分野でも、すでに踏み出してはならない領域侵犯を犯していると思われますが、原子核の科学と技術についても同じ危険、こちらの方こそ破壊は一層膨大ですが、境界線の逸脱を犯しているのではないかと疑われます。捨て場のない廃棄物を無制限に増加させるエネルギー使用、危険の想定範囲を狭く局限しなければ成立しない道を平気で行くとすれば、それは人間の怠慢であり、また驕りでもあるのではないでしょうか。「自然の統治」を神の恵みの統治に倣ってなすべく再考し、エネルギー政策の転換を、時間をかけて考える、それが今回の大災害を無意味に終わらせない道ではないかと思われます。千年に一度とか、数百年に一度の災害と言われますが、それなら百年単位で考えて、幾世代をかけ、世紀をかけて対応していく、壮大な文明の転換を歩むべきではないでしょうか。それができるためには、壮大な歴史の主である神への信仰がなければ不可能でしょう。

6　教会的信仰は摂理の信仰

今、もう一度祈りを込めて回復すべきは、摂理の信仰、生ける神の恵みのご支配、神が恵みを持って統治してくださるという信仰です。私たち一人一人の人生と共に全世界の歴史を統治しておられる生ける恵みの神を信頼する信仰です。創世記四五章にヨセフの信仰が摂理の信仰として言い表されています。第一に、神が主である。そして第二に、神は悪を善に変えてくださる。そして第三に、多くの民の救いのために歴史を前進させてくださるというのです。主イエス・キリストにおける神の救いの出来事はこの摂理の信仰を伴います。歴史の主は神です。人間的には忌まわしい十字架の出来事を最大の善なる神の救いの出来事に変えてくださいました。そしてそれはすべての人の救いのためです。

教会的信仰の順序を言いますと、第一に主イエス・キリストにおける神の救いの出来事、そこに働く神の恵みの摂理を信じます。主イエスを皆で十字架につけたことは忌まわしい人間の悪行です。しかし甦られた主イエスと出会ったとき、人間がした悪行を用いて神は罪の審判と犠牲による贖いをしてくださったと知りました。悪を善に変えてくださり、神はこの上ない救いの出来事としてくださったのです。この主の十字架と復活の信仰によって見るとき、神の恵みの摂理の御業が見えてきます。第二に重大なのは、第一のこととも関係していますが、主イエスの言葉です。主イエスは一羽の雀も父なる神の許しなしには地に落ちないと言われ、空の鳥、野の花を見よ、と言われました。そして思い煩うなと言われ、神が御存じであり、野の花、空の鳥、まして私たち人間にどれだけ深く恵みの御心を向けておられるかと言われました。摂理信仰は父なる神と常に共におられた主イエスの信仰の特質でした。だからその信仰で、私たちは主イエスの十字架も理解します。そして十字架の信仰から神の摂理を理解します。以上の信仰、主イエスの出来事だ何ものによっても凌駕されない神の救いの御業であったこと、そして主イエスご自身が神の恵みの摂理に信頼するように勧めてくださっていること、これに基づいて第三に、私たちは身近な日々の信仰生活を経験し、その中での神の助けを信じます。私たちは生ける神によって今日も守られ、神は私たちの生活に関与してくださっています。だからこそ何事につけ私たちは神に祈ります。神が関与し、働き、助けてくださるからです。神は、私たちの人生の主であり、私たちは神から愛されて今日を過ごしています。だから祈りと共に、証しも生まれます。この信仰生活があって、第四に、さらに広く大きく、世界と歴史、そして宇宙に関与し働いてくださる神を信じています。摂理の信仰とは、神が生きておられ、今日働き、支え、助けてくださっているとの信仰です。教会の主が私たちの主であり、世界の主であるとの信仰です。恐れることなく、喜びと確信をもって教会生活を歩むことのできることを感謝したいと思います。

第2章　東日本大震災を考える

はじめに

東日本大震災の直撃を受け、福島原子力発電所の深刻な事故により今なお危険にさらされ続けています。巨大地震や大津波は、「自然」による災害ですが、それをどう受け止め、どう文明を築くかという視点から見ると、自然の災害もまた人類文明の「歴史的災害」です。まして原子力発電所の事故は、純然たる自然災害とは言えません。あきらかに文明がもたらした災害であり、日本人の「責任」が問われる歴史的災害です。自然災害や、自然的でもあるが、同時に人間の責任問題と切り離せない歴史的災害によって、悲劇と恐怖を経験しました。キリスト教信仰と教会はこれにどう向き合うでしょうか。牧師や信徒としてこうした問題を信仰的、神学的にどう受け止め、取り組んでいくべきでしょうか。この問題に対策的に取り組むのは「キリスト教世界政策」の課題です。しかし日本の教会は世界政策を担う力を持っているとは言えないでしょう。教会は、常に、何よりも先に福音を語り、それを伝えることに集中しなければなりません。しかしその福音伝道が、的確で必要な世界政策に基盤を与えることを確信して前進できなければならないでしょう。そこで世界政策的視点から必要最小限のことを語って、そのうえでそれを支える信仰の神学的問題を考えてみたいと思います。

1 「キリスト教世界政策」と「キリスト教神学」

世界政策的な視点から必要最小限のことを言いますと、今回の大災害に対する現状の取り組みは、いままでのところ政治的にも経済的にも格段語れるほどの内容を持っていない、いわば無策状態にあって、特別何の解決方向も示されていないと言わなければならないでしょう。個々の個人や自治体のレベルで対処的な対応に追われているのが実情であるように思われます。このことは真の政治が行われていないということでもあり、およそ政治家と言えるほどの人間がいないということにもなるでしょう。しかしもっと根本には「宗教文化史的な理由」があると思われます。「真の王」の不在だけでなく、宗教文化史を転換させる「真の預言者」も出現していないということでしょう。「絆」が被災者を励ます流行語としてしきりに語られ、人と人との「絆」の欠如とその回復の必要性が強調されてきました。しかしこの流行語の内容の大半は、前近代的な集落的団結への回帰を言っているのであって、その結果は今までの繰り返しの道に回帰するほかはないでしょう。それでは、一体、「キリスト教世界政策」は今回の大震災に何か語り得ること、語るべきことを持っているのでしょうか。

文明の危機や崩壊に直面したときのさまざまな発言の中で、まったくの絶望に陥るのでないとしたら、第一次世界大戦のドイツとヨーロッパの崩壊の後にエルンスト・トレルチが記した言葉を思い起こすことができます。それは『歴史主義とその諸問題』（一九二二年）の巻末に語られた「建設の理念」の標語です。トレルチは「歴史によって歴史を克服する」という言葉を記しました。歴史によって歴史を克服するのが建設の理念であり、そうでなければ「脱歴史」による異次元への逃避か、永遠の現在への熱狂か、いずれにせよ歴史に対する諦念に身をゆだねるほかはなく、有効な世界政策の忍耐強い戦いを遂行することはできなくなると思われます。しかし「歴史によって歴史を克服する」という「建設の理念」は、どういう精神的な基盤の上に立ち得るのでしょうか。実はトレルチ自身があの世界大戦の崩壊の中で、ときには自分の内面を吐露し、「世界の不幸から脱出する道を私は知りません。しかし魂の救いはあります」と語ったときもありました。世界政策を断念し、魂の救いに生きる非歴史的な宗教性の中に逃れる誘惑にさらされることが彼にもあったのです。

かつてミルチア・エリアーデが「歴史の恐怖」について語り、「いかにして人々は歴史の破局

――集団的追放、殺戮から原子爆弾まで――を耐え忍ぶことができるか」と問うたことがあります。この問いの背後には、エリアーデ自身の祖国ルーマニアが民族移動の交差点として、繰り返し略奪や殺戮による歴史の恐怖を経験してきた事実が横たわっていると思われてなりません。そして彼自身が自問自答した応えは、人間の「創造的自由」、それも「その源泉を神のうちに持ち、その保証と支持とを神のうちに見出す創造的自由」により、それによって歴史の恐怖に耐え、打ち勝つという生き方でした。世界大戦以前のトレルチの言葉で言えば、彼の『社会教説』の、これも巻末の言葉、「彼岸は此岸の力である」という表現と内容的に繋がっています。「歴史によって歴史を克服する」のは「創造的自由」によることですが、それは「此岸の力」である「彼岸」、つまり神のうちにその「源泉」を持ち、その「保証」と「支持」とを持たなければなりません。それを持つことができます。「キリスト教世界政策」を遂行するには、神の実在があって、その実在的な神への信頼とそこからの力によって支持されてのことであり、この支持基盤を認識することは「キリスト教神学」の重大な責任にかかっていると思われます。こうした関連を考えながら、私は「神学的歴史主義」あるいは「歴史神学的」と言い得る神学的思惟方法を考えている次第です。

2　東日本大震災に対する「キリスト教世界政策」

今回の大震災がキリスト教界に問いかけている問題は一つではありません。いろいろな挑戦を日本社会全体が受けました。教会も受けています。日本社会の問題の受け止め方の中で大きな戸惑いは、時の内閣が表現しながら、有効な手立ての出しようがなかった「復旧ではなく復興」という課題の受け止め方です。この受け止め方が、被災地区の市町村に希望を与えているのか、かえって混乱と苛立ち、さらには絶望感を引き起こしていないかと疑問に思っています。震災に対する対策は、それを受けた地区それぞれに即してきめ細かな検討が必要でしょう。しかし「復旧ではなく復興」と言えば、どうしてもそこに色々な矛盾が生じざるを得ないでしょう。事態は、一方で一刻も早い「復旧」を期待しているからです。具体的な生の現実は、緊急かつ具体的で、悠長な理想を描いてはいられません。しかしまた他方、単なる復旧に終わってはならず、予見される震災の次の可能性に耐久性をもった文明と地域社会を形成することが不可欠です。そうでなければ、かつてカール・レーヴィットが語った、「雨の後では蟻は増える」という非人間的な言葉に帰結することになります。実在のすべてを結局意味のない自然的コスモスと見て、循環的に襲う自然の破壊にただ従順に身をゆだねる自然主義的文明に帰着することになります。日本の宗教文化史も、これまでのところ結局は、この自然主義的な対応を抜け出すことはできなかったのではないでしょうか。それは忘却こそが救いという道にほかなりません。しかしそのようにせず、自然主義的な従順に身を委ねず、忘却と回帰の軌道を踏み越え、二度と同じ轍を踏むまいとする「復興」を決意するならば、それは具体的な生が要求する緊急性をもって成し遂げることは不可能なことになります。さらにどの自治体にもそれをなし得る余力はないとも言わなければならないでしょう。それは実は数年や十数年の時のスパンで実行できることではなく、一〇〇年、あるいは二〇〇年の時を要する壮大な歴史的事業を決意することであって、文明史的、社会史的な転換を意志することを不可欠とするでしょう。緊急に対応することと、幾世代を越え、世紀を越える意味で長期にわたる壮大な事業に踏みこむこととの識別をつけなければなりません。その識別がついていないことが、今日のさまざまな問題の根幹をなしていると思われます。政治の判断はこれまでのところまったく精彩を欠いているのはそのためと言わなければならないでしょう。

「キリスト教世界政策」から判断しますと、今回の大災害から「一つの永続的な基本的課題」と共に、日本の地理学上の位置からして少なくとも「三つの具体的課題」が引き出されてきます。「一つの永続的な基本的課題」とは、「生命の尊厳を守る自然の統治」という課題です。この課題は、環境問題の克服とも無関係ではありませんが、今回の自然災害による大打撃に直面して、「自然の統治」には環境問題ともう一つ異なる面があることを示しています。環境問題は基本的に人間による自然の搾取を戒め、人間と自然の融和を推進することを求めます。しかし自然災害に直面した自然の統治は、人間が自然を支配し、治めなければなりません。「融和」と「支配」とは本当は二者択一ではないということでしょう。いずれにしてもこの基本的な課題は創造論に根ざした自然と人間の関係の洞察に根差します。そしてそうした自然の取り組みは、実在を不変・不動の自然と見るのでなく、変化し変貌する自然の歴史として見る見方を必要とするでしょう。

「三つの具体的課題」の方は、さまざまな分野の専門的知見の協働を必要とし、それによっては課題の数もその内容もさらに多彩になっていくでしょう。しかしとりあえず挙げてみれば、一つは都市住宅を海岸線から引き離し、その地域ごとに必要とされる高さの避難地区を設けなければならないという課題です。これは今回の被災地だけの問題ではなく、東海・東南海・南海地震等被災予想地を始めとして他の地域の課題でもあり、さらに言えば日本全土にわたる全体的な課題です。第二には、鉄道や主要道路も海岸線から引き離すか、あるいは津波に耐え得る堅固な構造にする必要があるでしょう。東日本大震災においてかろうじて復旧のための物資を運搬できたのは、東北自動車道が内陸を走っていて、津波によって分断されなかったからです。第三に必要な課題は、「脱原発」を推進し、時間をかけていわゆる再生可能なエネルギーに転換を進めなければならないでしょう。そもそも燃料資源として使用済みになったものが、その後一〇万年以上も放射能を出し続け、廃棄場所もないといった現在の核技術では、原子力発電はまだまだ実用の段階にはなかったと言うべきではないでしょうか。さらに言えば、原発を襲う万一の事故の可能性は何も地震と津波だけではないことも認識すべきでしょう。国際テロリズムなどのミサイルや爆弾による攻撃的破壊の標的にされる可能性も皆無ではありませんし、極端なことを言えば、飛行機の墜落やさらには隕石の落下にいたるまで可能性はゼロではなく、万一起きてしまったときに「想定外」では済ませられない事故の可能性があるものです。「ストレス検査」といわれているものがどれだけの信憑性があるのか、その疑わしさも考慮に入れるべきでしょう。

これら具体的な課題をめぐって「キリスト教世界政策」の立場から言って重大なのは、この程度の対策でも数年単位で考え得る政治課題ではないという点です。そうでなく「世紀単位での思考・意志・実行」を必要とします。そしてこれが肝腎な点ですが、世紀単位で考え・意志し・実行する主体は、政府でも一時代の社会でもないということです。それは時代を越えた国民の「宗教文化史的な力」です。政治的課題というなら、それは数十の内閣を貫いて実行されるべきこの文明史的政策を遂行するエートスを形成しなくてはならないでしょう。

今回の大震災が千年に一度、あるいは数百年に一度と繰り返し言われます。しかしそう言われながら、その対策を百年単位で企てようとは誰も語りません。そこにこの国の宗教性の問題が潜んでいると思われます。皇国主義日本の敗北に直面して、一つの国民の運命はその国民が信じている「神性」いかんによると語った南原繁の指摘は、今回の大震災の経験にも当てはまると言わなければならないでしょう。どういう神を信じ、どういう宗教文化に立っているかが、大震災に対する対応の中に顕著に現れ出ます。一つの都市が数世紀をかけて教会堂を立てるのに似た時のかけ方を、国や国民、また社会がいかにしてできるかが問われます。「歴史によって歴史を克服する」ための「創造的自由」は、それを可能にする源泉と保証、そしてその支持と鼓舞を、世代を越えて歴史を繫ぎ、歴史を統治する神、歴史的に働く人間の創造的自由を指導する主なる神から与えられなければならないでしょう。日本の政治家が政治的責任を言うときの一、二年の自分自身の在位のアリバイ証明では、とてもこれらの大問題と取り組むことはできません。

「歴史を繫ぐ神」ということは、時間と時間を繫ぐ神の永遠の臨在であり、また空間と空間を繫ぐ神の無限の臨在であって、歴史の神、つまり世界史と宇宙史の神の時間・空間との関わりがあります。歴史の主体を人間と考えたのでは、歴史の問題の解決はとても構想できるものではありません。

3　歴史に働く神

以上の「キリスト教世界政策」を支える神学的認識としてどのような信仰の認識があるでしょうか。まず、概説的に言わなければならないことは、神が歴史的現実に歴史的に関与し、その御業をなす神、つまり「歴史の主」なる神であるという認識です。それがまた、キリスト教は「歴史的宗教」であると言われてきた根本理由です。神の歴史行為は、神がご自身を示されている啓示が「歴史的啓示」であることに基づいています。旧約聖書が証言している主なる神の救済行為が「出エジプト」に代表される歴史的行為であったことも重大ですが、それと関連しながらナザレのイエスにおける神の救済の出来事が、歴史的出来事であって、神の救済行為の歴史的性格が、神の歴史関与を示し、神が歴史の主であることを示しています。この関連でナザレのイエスという歴史的人格とそのイエスに起きた十字架の出来事と復活の出来事の歴史的事実性が重大で、それが単なる理念、あるいは神話、さらには作り話や別種の出来事の解釈表現にすぎないとなれば、キリスト教はその信憑性を全的に喪失するほかはありません。

しかしそれが事実であり、その事実が持っている真の意味はそこに神的救済が働いていることであるという、聖書が伝える「使徒的証言」が真実であれば、神は歴史に働く神であり、しかも神は父、子、聖霊にいます神であるとの認識が歴史的啓示から示されます。またこの神は、歴史の終わりに神の国の到来をもって歴史を完成する救済の意志・計画をご自身の内に決意しておられるとの証言も、それにふさわしい尊重と真剣さをもって受け止められなければならないでしょう。「歴史的啓示」の認識は、歴史学的に遂行されつつ、同時に聖霊の注ぎを受けた信仰的神学的認識としてはじめて可能なものです。イエスの十字架がどういう文脈で、どこに、いつ起きたかは歴史学的対象ですが、その贖罪的な意味や啓示的意味は、聖書的証言に基づき神学的に認識されるほかはありません。「墓が空であった」ということは歴史的な事件ですが、「復活者の顕現」は歴史的でありつつ、信仰的神学的な認識です。啓示の認識から三位一体の神とその救済史的意志が認識されるでしょう。この神の認識が「歴史によって歴史を克服する創造的自由」の根拠であり、それを支持し、鼓舞します。

上記のことは、「神は歴史に深く関与している」ということです。もちろん言うまでもなく、神は創造者であり、被造物から峻別されます。両者を混同することも、両者の関係を逆転させることもできません。神が神であって、被造物は神ではなく、徹底して被造物です。しかし神の自由な恵みの決意とその遂行によって、神は被造物の歴史と無関係な神ではなく、被造物と共なる歴史を刻まされる救済史の神です。

従って神と被造物の歴史を区別することは、創造者と被造物の区別からして当然ですが、しかし神と歴史の関係を二元論的に分離して主張すべきではないでしょう。人類世界と自然の両方を合わせた被造物の全体世界を「歴史」によって包括して表現すれば、「神と歴史の二元論的分離」は御子なる神の受肉による「神の境界線踏破」によって破られています。三位一体の神はご自身の決意によってこの歴史としての現実を創造し、その中に御子において受肉し、十字架にかかり、聖霊によって復活させ、高挙による父と子の一体性によって歴史に臨在しておられます。神と自然の理神論的な分裂の理解に克服されるべきですが、それと同時に神と歴史を分裂したものと見る実証主義的な「神なき歴史」の見方も、また世界歴史のない「実存関係的な神」の理解も克服されなければならないでしょう。

こうした神と歴史の二元論的な理解が近代史にどのような系譜を辿り、二〇世紀後半の神学の中でその二元論的分裂をどのように克服しようとする試みがなされてきたかということを認識するためには、さらに詳細な神学史的分析が必要です。概して言えば、神と自然的世界の理神論的分離の克服は、二〇世紀の「自然の神学」が企ててきました。また神と歴史との分離は、ドイツ・イデアリスムスの崩壊以後いよいよ顕著になり、その克服はトレルチが「価値相対性」の主張によって試みましたが、その後カール・バルトの「原歴史」の主張によって忘却されました。しかしこの主題はティリッヒによって存在論的に歪められ、パネンベルクが改めて試みました。しかしパネンベルクにおいては、神と歴史の関係が、神が歴史の述語となる仕方で、つまり歴史次第で神の神性が決するような仕方で、関係の逆転を起こしたように思われます。ここで求める「世界政策」を支える「歴史の神学」あるいは「神学的歴史主義」の基礎づけと展開は、なお残された課題です。聖書の証言は啓示の出来事を解釈していますが、その啓示的出来事と聖書的証言によって世界史をどう解釈するかという課題があります。かつて第二の聖書としての自然の主張が、自然科学の誕生を促したと言われます。しかし第二の聖書として自然や歴史を言うべきではないでしょう。そうでなく、聖書が証言している歴史的啓示の理解に立って、自然と歴史に対する神学的洞察を明らかにする必要があります。自然的な側面を含んだ歴史的世界は、神が創造された世界であり、神が創造と共に救済の御業をなし、また完成へと導いてくださる世界です。

4　創造における「被造物の肯定」と「自然の統治」

自然現象としての巨大災害の発生は、多くの人に自然の猛威とその恐るべき脅威を知らしめました。さらに自然の破壊力、混沌の可能性は、地球そのものに深く根ざしているという恐怖も与えています。科学者は地球が依然としてマグマの融解状態を抱き込んだ柔構造にあると指摘します。さらには地球の現在は、過去四回の大氷河期の後のいわば第四間氷期にあり、第五の大氷河期の到来の予測を立てる説もあります。カール・バルトはこれを軽く揶揄しました。しかし歴史的世界の自然的基盤は、人間の経験からすると流動的で、推し量ることのできない破局の可能性、そうでなくとも熱力学の第二法則（エントロピーの法則）による「温暖死」の可能性のうえにあると言われます。地球、太陽系、銀河、さらには宇宙そのものの最後も視野に入れて考えるべきと思われます。そうした破局的最後とキリスト教的希望の終末論はどのような関係にあるのでしょうか。歴史的世界の自然的基盤についてのこうした問題は、創造の信仰と共に、終末における神の国の到来、新しい天と新しい地の希望に関係しています。

自然や歴史の最後と終末論の関係も重大な問題ですが、ここではまずは「創造の信仰」が自然災害にどう応えているかを問うてみたいと思います。この問題だけでも、詳細に検討していけばかなりの時間を必要とするでしょう。ここでは三点だけを指摘したいと思います。第一は、「創造の信仰」は自然的側面を持った歴史的災害の与える「恐怖」と、そこから生じる「絶望」と戦い、創造的、かつ救済的に働く三位一体の神に対する信仰の表現であるという点です。この点では「創造信仰」は自然における混沌や崩壊に対する神の創造的な力の勝利に対する信仰告白です。この観点からして意味深いのは、創世記冒頭の創造の記述です。聖書の証言が創造の信仰を語るのはもちろんここだけではありません。イザヤ書や詩編、ヨブ記にも神の創造の御業について語る重大な箇所があります。さらには新約聖書のローマの信徒の手紙やエフェソの信徒への手紙、そして特にコロサイの信徒への手紙の中に重要な記述があります。神があらゆる被造物の創造者なる神であることが語られ、御子が創造において決定的な働きをしていることが証言されています。聖書は神の救いの歴史的出来事における啓示を通して、世界の創造についても証言します。その中で、創世記冒頭の記述は、「言葉による創造」を伝え、言葉とキリストとの同一性からしてヨハネによる福音書やコロサイの信徒への手紙における「キリストによる創造」の証言に関係していきます。その経過は「混沌に対する神の勝利」として描かれています。創世記一章の記述には「御言葉による創造」の意味で「無からの創造」の見方も含まれていると言えるでしょうが、それはあからさまには語られていません。むしろ「自然的側面を持った歴史的破壊」による「恐怖や脅威」からくる絶望との戦いが明白です。ここには生や秩序を破壊する原始の力の問題が知られています。それが神の創造から来たのか、それともそれ以外の筋道で発生したかといった問題もありますが、いずれにせよ神の創造の力はそうした破壊的な力を抑え、それを克服しつつ働くと証言されています。このことは嵐を鎮める主イエスの働きの中にも示されたことです。

第二は、こうした自然を含んだ歴史における破壊的な力の出現が示す「不完全性」にどう耐えるかという問題です。「はなはだよかった」という被造物に対する神の肯定の言葉は何を意味するのでしょうか。もしこれを被造物の「完全性」と理解すると、創造から歴史への歩みは頽落史として理解されることになり、終末論的完全性は原始の完全性への「回復」と考えるほかなくなります。しかし救済史が結局のところ「回復史」であるとするなら、一周した全過程は、再度、そして無限に、頽落と回復を繰り返すことになるのではないでしょうか。「はなはだよかった」とはそうした回帰すべき原始の完全性の意味ではなく、また歴史につながらない非歴史的、形而上学的、あるいは神の内なる永遠の創造の意味での完全性でもないでしょう。「はなはだよかった」を神の創造の世界の美しさとして美的に理解する説もなくはありません。しかしそれよりも、神の経綸・救済史の開始としての「完全性」、従って神の意図に対する「適合性」、そして神の国の到来において完成する歴史性にあっての完璧な適合性を意味し、目的に適っているという意味での肯定を意味していると理解されます。じっさい「よかった」という「肯定」をもって創造の業は終わったのでなく、「よかった」との「肯定」を繰り返しながら、創造の働きは継続され、第七日目の終わりへと向かうわけです。神の創造は被造物を救済史の完成に向けて適合的なものとして肯定し、継続的になされ続けます。主イエスが「神は働き続けている、わたしも働く」と言われた通りです。世界の不完全性や非合理性の経験に直面して、キリスト教会は救済史的な世界理解、目的論的な自然解釈を失うべきではないでしょう。人間にとって有意味的であるのでなく、神の栄光と神の国にとって目的に適って有意味的なのです。終末論的現実解釈と言う方が良いかもしれません。イザヤ書四〇章でも、ヨハネの黙示録でも神の到来やキリストの来臨において自然を含んだ現実の変貌が語られています。現実は完成に向かって適合しているのです。

第三は、「自然の統治」についてです。これは「神の似姿」としての創造における人間の理解と関係することですが、「似せて人を造ろう」と言われた神は、人間に「地を従わせよ」「生き物をすべて支配せよ」（創一・二八）と言われます。「神の似姿」とは「人間の神への対応」を表しますが、この対応は「地を従わせる」という仕方で、「自然の統治」を含んで語られています。何よりも神ご自身の「万物の統治」があり、被造物は原始の混沌や破壊の力から守られ、その存在が維持されています。しかしそれだけでなく「人間による自然の統治」も語られる必要があるのです。キリスト教教義学の創造論は、人間を被造物として理解し、その面で人間を他のすべての被造物と共通なものとして理解します。しかし、人間を「神の似姿」における被造物として理解するとき、人間には被造物の中でも特別な位置と使命が与えられていると理解されます。その位置と使命とは、人間こそがキリストに結ばれ、聖霊を注がれ、神に応える仕方で他の被造物を統治するという位置と使命であり、神の子たちの自由に他の命ある被造物が参与する（ロマ八・二一）、そのために用いられる位置にあるということです。

この「神の似姿」に相応しい人間の「自然の統治」があることを、自然災害の経験の中で明確にしなければならないでしょう。生態学的危機を際立って考慮したユルゲン・モルトマンの創造論においては、「神の似姿」の理解において人間と自然との「交流」の必要が強調されています。しかしそこでは人間が自然を「支配」し「統治」する面は全くと言ってよいほど無視されています。それでは自然現象の中に現れ出る猛威や破壊的脅威、混沌の力といったものを認識し、それに対する抵抗力やそれと戦う力を鼓舞することを欠如した神学になってしまうと言わなければばならないでしょう。「支配」や「統治」といった概念を欠如したモルトマンの創造論によっては、スマトラ沖大地震や東日本大震災といった自然災害と有効に取り組むことはできないでしょう。キリスト教創造論の中には、生態学的危機との戦いに対する考慮と共に、それだけでなく、大震災に示された自然の凄惨な破壊力に直面して人間がなすべき戦い、創造的自由を傾けての戦いをはっきりと支持し、それを励ます使命もあると言うべきでしょう。神は「地を従わせよ。……生き物をすべて支配せよ」（創一・二八）と言われます。「生命を尊重するゆえの自然統治」に勇気づけが与えられなければなりません。

5　被災犠牲者の救いの問題

大震災の惨状は、家屋や施設の破壊以上に、二万人近い人命が奪われたことに如実に現れています。特にその一人一人の固有で特別なケースに密着すると、その惨状は冷酷で悲惨です。命を失った人々、生まれたばかりの嬰児、津波火災で焼け死んだ幼稚園児、息子や娘たち、最後まで避難を呼びかけながら殉職した婦人、年老いた者たち、彼らはどこに行ったのでしょうか。彼らの救いはあるのでしょうか。いまだに消息を見出せないままの息子や娘がおり、あるいは母や子、妻や夫を失った者たちがいます。この人たちにどういう救いがあるのでしょうか。ここから「神義論」の問題に入ることもあるでしょう。しかし神の義を問うよりも、人間の救いを問いたいと思います。「神に義があるか」と問うことは人間の苦難の中から時にはやむを得ないと思いますが、神学的な解答は人間の苦難の中からでなく、神の啓示の中から、そしてイエス・キリストの受難における神ご自身の苦難の中から求めるものです。本当に苦難の中にあったら、人間は救いを求めるのではないでしょうか。神義論の用語をもってしても、実際には救済を問うていることが多いのではないかと思います。それに対し、神を非難することに終始する神義論の叫びは、心情は分からないではありませんが、解答を拒否した叫びに終わり、神への断罪と無神論的ヒューマニズムに落ち着くのがせいぜいではないかと思います。神学の中で神義論を突き詰めますと、本来は「神の義」を称えて「人間の義」を問うのに対し、逆に「人間の義」を前提にして「神の義」を問い、神の責任を追及することになります。それは神を相対化する議論であることを回避することができません。

それでは被災犠牲者の救いの問題はどのように考えるべきでしょうか。彼らの死に深く傷つきつつ生き残った人々に対しても、失われた人々の救済をどう語ることができるでしょうか。言うまでもなく、キリスト教信仰によれば、「わたしたちが救われるべき名は、天下にこの名〔イエス・キリストの名〕のほか、人間には与えられていないのです」（使四・一二）。救いはただイエス・キリストの人格とその御業によります。このことはイエス・キリストの存在とその出来事における神の救済行為が他のいかなる出来事によっても凌駕されることのない決定的な終末論的行為であったということです。このキリストの業は通常贖罪論によって理解される業であり、特にイエス・キリストの十字架における死の出来事に示されている代理的な贖いの業です。被災犠牲者の救いの問題も、この主の十字架によると言うほかありません。この贖いの業によって、私たちは神に敵対していたにもかかわらず、その罪が砕かれ、罪とその結果がもたらす圧迫から解放され、罪の赦しを得ています。それに基づき、神と和解されるようにと招かれ、聖霊の注ぎを受けて信じ、洗礼を受けることを通して主のものとされ、神との和解の交わりに入れられ、神の民に加えられ、神の子とされたのです。信仰を得ず、洗礼を受ける機会を持たずに、死ぬほかなかった人々は救いに関するこの過程の中で、どこまであずかり、どこが不明なのでしょうか。彼ら一人残らずのために主の十字架は立つと言いたいと思います。誰一人主の十字架の陰にいない人はいません。生き残った人々に、今共にあり、私たちに僕として仕えてくださっている主なるイエス・キリストが伝えられなければなりません。それがあらゆる災害の地獄のような惨状の中で唯一の救済です。

しかし災害によって命を失った人々がすべてキリストのものとされて、神との和解に入れられ、神の民に加えられたか否か、それは神の秘義に属します。その決定は、神を信頼しつつ神に委ねて、信仰の知識としては明言できることではないでしょう。キリストの贖いの御業と、それに基づきつつキリストのものとされ、和解に入れられることとの間には「過程」があって、そこには使徒的証言と教会の伝道が、そして洗礼と御霊の注ぎによる信仰が重大な位置を持ちます。この過程を認めず、はやまって「原理的」にすべての人間が「定められたキリスト者」(バルト)であるとか、「匿名のキリスト者」(カール・ラーナー)であるなどと主張することは、その人自身に対しても礼を失することであり、伝道を「余分なもの」とする誤りを犯すことになります。主イエス・キリストの「贖い」の御業の事実と、神との「和解」に入れられることとの間の「過程」には、不可欠な仕方で「伝道」が位置し、「信仰」が位置していることを覚えると、信仰を得る機会なく死に赴いた人々を悼むことは、教会自身の伝道の責任を痛烈に想起させることになります。真の教会は「伝道する教会」であることへの教会の悔い改め、教会の本気の方向転換が促されるでしょう。「神は、その独り子をお与えになったほどに、世を愛された」(ヨハ三・一六)と言われると共に、直ちに「独り子を信じる者が一人も滅びないで、永遠の命を得るためである」と言われます。信じることの意味、従って、信仰を伝えその信仰を与えられることの厳粛な意味を思わないわけにいきません。そして一人の人が信仰に入れられるとき、その人に至った連鎖の中にある多くの人々もまた祝福されるであろうと考えることができるでしょう。

6　神の「統治」のもとでの「災害」の意味

自然災害や歴史の悲惨を受け止める信仰を思惟し、支える教義学的な議論として「摂理論」があります。通常、「摂理」の用語は、創造論の文脈で、被造物に対する神の働きの議論として「継続的創造」「統治」「協働」といった用語と共に使用されます。しかしここでは「摂理」(providentia, providence)よりも「統治」(gubernatio, government)をより包括的な意味に理解し、この用語で代表させることにします。「摂理」の原語の「予見」もあるいは被造物の個体性や自由を前提した「協働」も、「統治」の性格やその一要素を表していると言うことができるでしょう。神の統治は、広義に取れば、神の経綸（オイコノミア）と同一で、救済史の全体を包括します。創造は統治の開始ですし、終末における神の国は統治の完成です。その中で災害はいかなる意味を持つでしょうか。とりわけイエス・キリストにおける神の終末論的な贖いの出来事と神の国のまったき到来に至る「終末論的中間時」における神の統治のもとで災害の意味はどう理解されるでしょうか。

終末論的中間時における神の統治は、言うまでもなく「災害」を主題にするわけではありません。そこではむしろまずは、神の恵みの支配と共に、伝道史・教会史ならびにキリスト教文化史の意味が理解されるでしょう。続いて、世界史と救済史の関係の理解や、神の統治論・摂理論からの「歴史の解釈」を企てることが可能です。その中で「キリスト教世界政策」を支える歴史解釈として「自由と人格」「人権とデモクラシー」といったプロテスタント的文化価値を、啓示に基づいた終末以前的な第二基準として掲げながら歴史を解釈する試みが可能だと思われます[1]。そのうえで、歴史に常に伴う「曖昧さ」「挫折や停滞」「衰退」が取り上げられなければならないでしょう。伝道の停滞があり、教会の分裂や教会の衰弱があり、文明の世俗化・非キリスト教化も生じています。そして神の統治・摂理のもとで「歴史の試練」が取り上げられなければなりません。この試練の中には「迫害」があり、「戦争」があります。そして「災害」が問題になります。これらにどのような意味があるか、人間の責任の軽重によって判断は異なってくるでしょう。

純然たる突発的自然災害と人間の責任の問われる戦争による破壊とでは、当然意味は異なってきます。東日本大震災の場合は、第二次世界大戦における日本の敗北、それによる荒廃とでは、共通する面と共に、相違している面があります。日本の敗北には「審判」的な側面があったと言わなければならないでしょう。東日本大震災にこの面を言うことは適切でないと思います。共通して言えることは、神の統治は「憐れみ」や「慰め」のもとに「警告」、そして「約束」として働きます。「憐れみ」と「慰め」は、災害の凄惨な状況の中にも神が共におられることで、人々を慰め、全体を保持し、忍耐と希望を支えてくれます。「警告」は人々の悔い改め・方向転換を求める神の働きです。第二次世界大戦の日本の敗北的壊滅にはこれがあったはずですが、人々は的確にそれに応じませんでした。日本は、多くの領域において表面上の変化はあっても、一段深いところでは古い日本のままに止まりました。「約束」は神の栄光の出現を約束し、神の国への希望を奮い起こさせます。神の摂理・統治に見られる「約束」は、黄河の水が澄むのを無駄に待つ「百年河清を待つ」話ではなく、人間の適切行動の起因となり、聖霊の注ぎによって神への信頼による忍耐と希望を生み出し、「協働」によって人間の強い持続的な行動を振起します。

ルカによる福音書一三章一節以下に二つの悲惨な事件についての主イエスの言葉が伝えられています。一つはピラトがガリラヤ人の血を彼らの犠牲に混ぜた、つまり祭儀的犠牲と殺人とを混合させたという宗教的迫害であり、歴史的悲惨です。もう一つはシロアムの塔が倒壊し一八人の命が失われたという自然的な、しかし決して歴史的文明に責めがないわけではない災害です。このどちらについても、主イエスは被害者自身の責任に原因を求めることをせず、それらを生きている人々の将来に向かう「警告」として、「悔い改め」の呼びかけとして解釈しました。つまり、罪とその刑罰が連鎖しているという見方を断ち切って、神への信頼をもって自らの死や審判に向かう信仰への呼びかけとしたのです。

終末論的中間時における神の統治のもとでの自然的、歴史的災害は、「警告」の意味と共に

ます。

「約束」の意味を持ち、個々の人間が神へと向き換わる新しい人生を生きる転換の呼びかけであり、社会や人類共同体が、人間の驕りや怠惰に基づくエネルギー政策を転換し、福音の伝道からもたらされた第二の基準、文明史的基準に即しながら、文明史的転換を図るチャンスを与えています。

そしてとりわけキリスト教会に悔い改めを促しています。教会は、迫害や伝道の停滞、さらには災害や破局の経験を「主の鍛練」（ヘブ一二・七）として受け止めなければなりません。[2] 鍛練は神の愛と不可分に結びついています。鍛練のない摂理や統治を終末論的中間時にあって期待するのは神への信頼を欠いた誤りでしょう。より深く福音を受け止め、神の国の到来を求め、伝道的に歩み、愛に生きて、神の栄光の現れに仕えるように、神は鍛錬を通して促しておられます。

以上触れた個々の議論はすべて、それ自体を主題としてさらに深めて探究すべき論点ですが、ここでは東日本大震災の問題を神学的に扱うための論点として挙げました。こうした論点に心を留めて、東日本大震災以後の教会と伝道、そして神学の歩みを注意深く進めていかなければならないと思います。

（1）拙著『デモクラシーの神学思想』『キリスト教の世界政策』『キリスト教倫理学』はこの見方から記されている。この問題では上記の著書に参照すべき文献を挙げてあるが、それに以下の書も加えられてよい。Hendrikus Berkhof, Christ The Meaning of History, tr. by L. Buurman, Virginia 1966.

（2） 摂理における「鍛練」を語っているものに以下のものがある。G. C. Berkouwer, The Providence of God, Michigan 1983, 181.

第3章　エネルギー政策転換のカイロス

――キリスト教神学の視点から福島原発事故を考える

東日本大震災によって福島第一原子力発電所の四基の原発が破壊され、高濃度の放射能による被害が広範囲に及びました。多くの人々が家と生活基盤、そして故郷を失い、全国に離散する試練に会いました。事故はいまだに終息の見通しがたたず、除染の作業も進まず、放射能汚染水や汚染された地下水の処理に悪戦苦闘しています。私たちキリスト者はこの事故災害の中でも、主イエス・キリストとその十字架の出来事における神の贖いの御業を信じ、神との平和な関係の中に入れられていることを憐れみによる神の救済の出来事として信じています。主イエス・キリストによるこの信仰は、ただ私たちの内面に深く隠されたままあるわけではありません。キリストにより、また聖霊によって神との平和な関係に生かされていることを、人々との生活の中で、また社会の中で確信し、その命を豊かに生きて証する課題も与えられています。主キリストの贖いにより何物によっても破られない神との緊密な交わりに生かされている者として、私たちは今、日本のみならず、世界の問題である福島原子力発電の事故をどのように受け止めて、信仰の歩みを進めるべきでしょうか。また、文明を支え推進させるエネルギーを原子力発電に依存している現代文明のあり方についてどう考え、またどう対処していくべきでしょうか。今回、私に求められていることは、キリスト教信仰と神学の観点から福島原発事故をどのように考えるべきか、また原子力発電に依存した文明のあり方についてどう考えるべきかを語ることです。ことは現代と将来の方向を決する文明の問題であり、しかも緊急性を帯びた倫理的問題です。文明と倫理の具体的なあり方については、信仰と神学の視点からほぼ自明のこととして語り得る問題もありますが、中には特定の見方や考え方をいわば絶対的な仕方で提示することのできない問題も多々あります。原子力発電というエネルギー政策に関わる問題は、その解決の方向、その速度、辿るべき段階など、決して自明な問題ではなく、種々の議論が可能であり、また種々の検討を必要とする問題でしょう。しかしそれにしても、現代に生きるすべての人々とこの問題を共有し、私たちに与えられた信仰と神学の視点からこの問題について考え、より適切に行動することは、私たちの責任に属することと思います。

チェルノブイリ原発事故が起きたのはこのたびの原発事故の二五年前、一九八六年でした。チェルノブイリ原発事故は「環境倫理」の観点から、キリスト教会でも大きな関心を惹きました。しかし今回は、環境問題ももちろんありますが、もっと端的に「原子力発電という技術そのものの問題」と、さらには「原発を主要エネルギー源として形成される文明」について、キリスト教信仰と神学はどう考えるべきかが問われていると言わなければならないでしょう。

1　創造の信仰と原発問題

文明と倫理の問題の多くは、特定の一つの回答を唯一絶対なものと見なすことができないと言いました。しかしことは高濃度の放射能による甚大な被害と、今後に残る大きな危険に関係しています。それは神の創造の御業にふさわしくないことは明らかであると主張されるかもしれません。事故としては確かにそうです。しかし「核エネルギーの利用」や「放射能管理」についてどう考えるべきかという政策的な問題は、決して単純ではないと思われます。神の創造の御業として自然万物の開始を語った聖書は、核エネルギーについても、放射能についても記してはいません。他方で、被造物としての万物は、最初から核エネルギーを含み、放射線は宇宙を飛び、地球もまたさまざまな放射線物質をはじめから今日に至るまで抱えています。生命の成立はそうした放射線の中で発生し、それに耐えて存続してきたわけです。こうした地球物理学や宇宙物理学、あるいは生命科学の問題について語ることは専門家に譲るとして、神の創造の御業は核エネルギーや放射線をはじめから断固排除していると、一刀両断に単純化して語ることはできないということは申し上げておかなければならないと思います。「核エネルギーの使用」ということが人間の業として一体可能なのかという問題は、後に考えてみたいと思います。「放射能管理」の問題はどうでしょうか。今日の医療が診断においても治療においても放射線による診断や放射線治療を不可欠にしていることは言うまでもありません。それを否定することは誰にもできないでしょう。

創世記に記された「神は御自分にかたどって人を創造され」、祝福し、「地に満ちて地を従わせよ」（創一・二七以下）と言われたことは、どういう意味を持っているのでしょうか。人間による「地の支配」は、神にかたどられた中で、神の支配に似たものとして規定され、神の支配に対応することを求められています。神の支配は、創造にはじまり、神の国のまったき到来において完成するでしょう。人間による「地の管理」もまたこの神の支配に服従し、応答し、対応することによって方向を示され、歴史の形態をとって前進し、神の国を待望する中に目標を与えられます。創造の信仰は、救済史的に理解されることによって、歴史的課題を負って努力する歩みの基盤になります。人間の地の支配は、人間仲間の交わりを保持し、他の生物との交わりを保全しながら、信仰による神への従順によって希望と勇気を与えられながら進むべきものです。

従って聖書的信仰は、技術的な停滞を要求しているものではありません。信仰はまた非科学的なロマン主義を標榜するものでもありません。かつて一七世紀に近代科学が一斉に開花した、いわゆる「科学革命」のとき、キリスト教、とりわけプロテスタント・キリスト教が重大な基盤や刺激を与えたという科学史の見方があります。私はこの科学史の見方を基本的に受け入れています。キリスト教は非科学的であるとか、キリスト教信仰と科学は対立するといった見方は明治啓蒙以来の日本にある誤解と言うべきでしょう。キリスト教信仰と神学は、科学や技術の発達に対して、それなりに合理的な根拠を与え、精神的な勇気づけを与え得るものとして働いていきました。従ってまた当然、その歩みに批判的な反省を加えることもあるべきでしょう。科学や技術に対し意味づけや推進力を与えると共に、「科学や技術の倫理」があるべきで、その方向づけや限界づけについてキリスト教が発言することは十分あるべきことです。それでは一体、科学や技術と信仰との関わりの中で、原子力発電という技術と、それに依存する文明がどこまで可能なのか、またどこに問題があるのか、究明しなければならないでしょう。キリスト教信仰と神学の使命には、どのような時代や文明の中にあっても、主イエス・キリストの十字架の死による神の救いを宣べ伝える伝道の使命が、礼拝と共に中心的な位置にあります。その上で、それに基づきつつ、神を真に神として礼拝し伝道する教会は、世界文明と社会に対し、形成的、また批判的に奉仕する課題も負っています。礼拝し伝道する教会は、また、必要に応じて「キリスト教的世界政策」を科学技術の問題に関しても提示することを使命の中に持っていると言わなければならないでしょう。

2　技術としての原子力発電の問題

技術の発達は歴史的性格を持っています。いかなる技術も、その意味で「途上にある」と言わなければならないでしょう。自動車という交通技術を例に挙げれば、自動車産業は、現在、石油に頼らないエンジンの開発と共に、事故を防止するレーダーやセンサーによる制御装置の開発などに力を注いでいます。自動車が大量の炭酸ガスの放出や多くの事故の発生を伴ってきたことは、防止されなくてはならないからです。こうした発達の途上にある性格は、どの技術にも不可避的に伴っています。航空機の問題もそうです。原子力発電という技術も、使用済み燃料の再処理問題や核廃棄物の最終処理問題など、多くの面で未完成状態にあると言わなければなりません。しかしこうした問題についても、専門的な知識を必要としますのでそれは他の人に譲って、私はただ「三つの点」だけを指摘したいと思います。一つは「核廃棄物」の処理が過剰な負担を将来に負わせている問題です。もう一つは原発事故という「偶発的事故」が一体予測可能なのかという問題です。そして三つ目にはすでに起きてしまった原発事故という「歴史的出来事の意味」について考えなければならない点です。これらはキリスト教信仰と神学の視点からどのように考えられるべきでしょうか。

言うまでもなく原発事故をめぐる深刻な問題には他の問題も多くあります。福島原発の事故で実際に被害をこうむった膨大な人々の問題がありますし、それ以外にも原発を設置している諸地域における社会問題、あるいはその諸地域と電力の大量消費地である大都市との格差問題、その他種々深刻な問題があります。しかしそれらの問題との取り組みについても他の人に譲って、今回は原子力発電という技術そのものの問題に限定し、上記三点についてお話したいと思います。

(1) 核廃棄物による過剰な負担

まず、「核廃棄物」の処理がきわめて深刻な負担であるという問題に触れたいと思います。現状の科学技術によれば、原子力発電のいわゆる使用済み核燃料は、さらに一〇万年にわたって高濃度の放射能を放出すると言われます。使用済み核燃料からプルトニウムを取りだす再処理をし、あるいはプルサーマル発電に用いたとしても、その後も高レベルの放射線量を持った廃棄物が残ると言われます。従って最終的な廃棄場をどうするかという問題が避けがたい困難な問題として存在します。ただフィンランドだけが、頑丈な地層の地下深くの空間に貯蔵する仕方で、最終処分場を決めたと言われます。しかしフィンランドの原発の数は四基だけと聞きます。日本のように五〇基を越す大量の原発を抱え、年々の増加に十分に対処できる場所を持ち得るのでしょうか。国土が狭く、地震列島である日本では、とても最終廃棄場を探し出すことは困難でしょう。この問題が、小泉純一郎元首相によって「原発ゼロ」の主張の根拠としてクローズアップされました。その影響を食い止めるためでしょうか、経済産業省はこれまで「中間貯蔵場」も決められないでいたにもかかわらず、「最終廃棄場」を決める作業に入ると言い出しました。決める作業に入ったからといって、実際に決められるわけではありません。せいぜい一時的な置き場所を持つだけで、それを「最終廃棄場」と呼ぶつもりでしょうか。一〇万年にわたって放射線物質を貯蔵できる場所を建設することは、地下何百メートル掘ったところで、不可能でしょう。収納器もしばしば腐食・解体し、地下水にさらされるのをどうするのでしょうか。元来、高濃度の放射能廃棄物の排出を伴う原子力発電という技術は、非常な困難を負う「未完成な技術」であると言うべきでしょう。私自身この問題の深刻さを、三年前の事故が起こるまで、つき詰めて考えることをしてきませんでした。日本には五四基の原発があり、アメリカ、フランスに次いで、世界第三位の数と言われます。IAEA（国際原子力機関）によれば、二〇一〇年の段階で、世界二九カ国に、総計四三一基の原発があるとのことです。世界の壊滅的な終わりの可能性を孕んだ相当に難しい時代に私たちは生きていると言わなければならないでしょう。

原発からの核廃棄物をどう処理するかという難問の解決は「未来の人類の英知」に託すという言い方がしばしばなされてきました。将来に希望を置くこと自体は、キリスト教信仰からして否定すべきことではありません。将来が神の支配のゆえに最後的には希望の中にあることは、信仰の認識でもあります。しかし今解決できない特定問題を、その解決方向も狭く決定しながら、将来の人類の英知に押し付け、それをエネルギー政策の基軸にすることは、信仰と神学の視点からして重大な誤りを意味することになります。特定方向に知性の使用を限定しながら、その枠内で「人類の英知」を主張し、それをもって現在の難題に対する打開策とすることは、現在と将来に対する現代の人間の「責任回避」であり、「怠惰」であると言わなければならないでしょう。私たちは無責任な時代の一人として生きてきたのではないでしょうか。

「人類の英知」を現代の怠惰と無責任の言い逃れに利用するのは誤りです。人類の英知は、もっと基本的に自由で開放的な文脈において、つまりは一定方向に決定された技術に拘束させてではなく、その技術そのものをも越えて熟慮し、時にはエネルギー政策を根本から転換させることも含めて委ねる場合にこそ、語られるべきことです。「人類の英知」をもって特定技術の難題解決の言い逃れにすることは、実は「人類の英知」を根拠なく利用していることで現在に隷属させることであり、同時にもし本心からそのような英知を信奉するとしたら、それは非合理な期待をかける意味で「人類の英知」を「偶像化」していることになります。人間の知性は自由な環境を必要とし、その上でそれ自体きわめて限界のあるもので、控えめに期待されるべきものです。現代の欲求に隷属化させるべきものでも、偶像化すべきものでもありません。現代の怠慢や貪欲から使用済み核燃料の処理という難題を大きな負担として未来の世代に負わせ、その英知に期待するのは、成り立たない話と言うべきでしょう。

　原子力発電の使用済み燃料の問題は、最終処理ができないという問題の他、そこから取り出されるプルトニウムが核兵器に転用される危険があると言われます。日本国内にもプルトニウムはすでに一〇トン以上あって、核兵器に転用すれば約一五〇〇発分（あるいは二〇一四年の段階で四四トン、原爆数千発分）とも言われます。また、日本は原発技術を輸出しているわけですが、それは世界に核兵器を拡散させる危険性を増大させていることでもあります。こうした過激な危険を伴ったエネルギーではなく、他の道を含めて検討し開発することこそ、初期段階の諸困難を合わせて考慮してみても、はるかに合理的であり、また現代と将来に対して責任的な政策であることは、明らかなことでしょう。太陽光、地熱、風力、水力、波力、水素燃料、海底に埋蔵されているとも言われる液化ガスなど、現状では未開発で、実際の電力供給の全体量に対しその比率はきわめて低いと言わなければなりません。しかしその数字はこの分野での電力供給力の将来を現わしているものではなく、原発に依存した従来のエネルギー政策の結果がそこに現れているにすぎないものと見るべきでしょう。これらの分野には、それこそ「人類の英知」を傾けるに相応しい大きな可能性があると言うべきでしょう。

(2) 偶発事故の予測不可能性

もう一つの根本問題は、現実は「偶然性」の中にあるという問題です。偶発事故は人間の想定内でも起きますが、その外からも起きます。世界と人間にとってアクシデントが起きることはむしろ本質的なことです。それは世界も人間も「神ではない」ということと関連しています。日本の原子力規制委員会は、原子力発電所を稼働させるための「規制基準」を設け、それを達成できる発電所に再稼働の資格を認定する方針を取っています。原子力規制委員会としては、許可する条件を基準として設定する以外に作業のしようがないので、やむを得ないやり方なのでしょう。原子力発電の今後の継続を前提にして、その継続可能性を承認するための条件を提示しなければならないからです。しかし問題は「事故とは何か」という本質的な問題にかかっています。事故が起きないように安全基準を厳しくするとして、それで事故を回避することができるでしょうか。安全基準はいつでも起こり得る事故を想定し、それに対して設定されるものです。「事故の予測」がそもそも不可能であるとしたら、「安全基準」を設けても解決にはなりません。「事故の予測」は本当に可能なのでしょうか。この問題はもっと真剣に問われる必要があります。

二〇世紀のキリスト教倫理の思想家であったラインホールド・ニーバーは「プライドの罪」について語って、その中に「力のプライド」という形態があると語りました。その特徴は自己制御力を想定し、あらゆる波乱に対し安全を過信し、人類の生命が偶然的で依存的な性格を持っていることを認識しようとしないと言いました。罪についてのこの解釈を参考にすると、原子力規制委員会の考え方は「プライドの罪」に堕ちていると言い得るでしょう。現実は「偶然性」に深く浸透されているのではないでしょうか。予測不可能な事故があるのが現実であって、事故の予測は決して完璧にはできないと考えるべきです。

今度の福島原発の事故は、旧式の原発だから起きたという考えも傲慢を表すことになると思われます。技術は本質的に途上にありますから、どの技術も成立したとたんに旧式になります。「旧式の原発だから事故が起きた」という判断は、何が起きても言い逃れて、決して根本的に改めることをしない固定的な姿勢を意味すると思われます。

現状の規制基準は、「地震」と「津波」を想定しています。しかし福島原発事故は、電源喪失によって苛酷な事故が引き起こされることを世界に示しました。そのため先進諸国は「原発テロ」の標的にされることをより一層警戒しています。しかしさらに言えば、航空機による衝突事故を耐えることができても、「巨大隕石の衝突」には耐えられないでしょう。国際的な緊張の激化によっては、「攻撃の標的」にされる脅威にさらされます。あるいは「侵入による破壊」や、「原子物質の窃盗」にも備えなければなりません。とても日本の原子力規制委員会の立場で規制基準を立て得るものではないでしょう。さらに、現に起きてしまった事故から反省すれば、高濃度汚染水の処理に悩まされているのですから、当然、基準の中に「地下水」の流れの無い場所という基準も加えなければならないはずです。しかしそうした話を聞きません。つまりは、何もかも甘く考えるのでなければ、再稼働を許す条件を備えたと認定することなどできない状態にあるわけです。

もう一つの根本問題は、人間は個人としても、また集団としてもミスを犯すという問題です。「人為的ミス」を起こすことは、きわめて人間的で、あり得る現象です。現に原発事故はかなりの数、人為的ミスを含めて起きていると言われます。「国際原子力事象尺度」は8段階に分けられていて、レベル8が最大の事故を意味しますが、福島原発の事故はレベル7、チェルノブイリ原発事故もレベル7、スリーマイル島原発事故はレベル5であったと言われます。原発ではありませんが、ブラジルのゴイアニアでは放射線療法用の医療機器の格納容器が解体し、被爆死亡事故が起きています。東海村での核燃料加工施設における臨界事故もありました。レベル3や2程度の原子力事故はしばしば起きていると言われます。

こうしたことを考えますと、事故の発生の場合によっては「甚大な被害」を及ぼす技術はミスを犯すことを本質的な性格として含んでいる人間にとって、適正とも、現実的とも言えなくなります。適正な技術には、それがたとえ事故を起こしても耐え得るものであることが求められます。絶対に事故を起こしてはならないと言われ、それはどの技術についてもその通りでしょうが、それでも実際に事故が起きたら本当に最後的なダメージを与えるといったスケールの技術は、技術としてはまったく未完成と言わなければならないでしょう。事故に対する耐久性や許容性を高めるためには、即時停止ができるということも含まれるのではないでしょうか。その意味でいま福島原発の事故だ、停止するのに三〇年を要すとか、さらには高濃度汚染水の問題で終息の見通しが立たないと言われていることは、この技術がどれだけ未完成であったかということを示しているのではないかと思われます。政府は「安全第一」によって「原発の再稼働を認める」と言いますが、この「安全」という言葉は、いわば空文に化していることになります。

他にも問題点はありますが、ここで挙げた問題の文脈で言いますと、核廃棄物の処理問題が克服され、アクシデントに対する許容度が高められ、即時停止を可能とすることに成功しない限り、技術としての未熟さのため、原子力発電は実はまだ本格的な稼働段階にはなかったということになるでしょう。人間の知のあり方として、私たちの知るところは常に一部分です。それなのに絶対的な確実性がなければならないものを稼働させ、それがあるかのように主張するのは、「傲慢の罪」を意味します。もっと人間の知に対する謙遜な認識が必要であり、「柔和なものが地を受け継ぐ」と言われていることを、人間の知に対する態度にもわきまえるべきと思われます。知的傲慢は甚大な被害をもたらさずにはおきません。福島原発事故で私たちはそのことを経験したわけです。

3　歴史的出来事によって刻まれること

最後にもう一つ、原発事故は「歴史的な事件」としてすでに起きてしまったということをどう受け止めるべきかについて言及したいと思います。原発事故が起き、膨大な数の人々が移住を余儀なくされ、住居、仕事、故郷を失いました。環境の激変の中で死期を早めて亡くなった人々も多いと言われます。悲嘆と訴えの実体は、いまだその全貌において明らかではありません。事故そのものがなお終息していません。実質的に国土を狭めたことになり、国民に放射能を浴びせ、いわばオウンゴール式の「原発敗戦」とでも呼ぶべき事態が起きたわけです。この歴史的出来事を身に刻み、これによって変えられ、これによってそれ以後の性格を形成されるか、それとも「何事もなかったかのよう」に過ごすのか、この二者択一が今、重大な問題になっています。一方は、苛酷な犠牲を伴う歴史的な出来事によって変えられ、性格づけられた文明や国家、社会になる道ですが、他方はいかなる歴史も忘却の中に葬る非歴史的な国民、文化、社会になる道です。非歴史的な国民や文化の場合、その思想や価値の表現は非歴史的なイデオロギーか、非歴史的な神話の表現になるでしょう。歴史から学ぶことを拒絶するなら、固定的な観念に拘束された国民や社会になるほかはないでしょう。

時期的に併行して起きている現象について言いますと、「憲法問題」があります。日本国憲法は、人権やデモクラシー、それに国際紛争における戦争放棄といった憲法的な価値を表現しています。この憲法的価値は、特に人権について言われているように、「人類多年の努力の成果」として歴史的に成立した歴史的な価値です。日本にそれが入ってきたのは、第二次世界大戦において日本の内外における多大の犠牲を伴った「日本の敗戦」によってでした。敗戦という巨大な歴史的事件なしに憲法が表明している諸価値が、日本の中に自生したわけではありません。最近の憲法改正論議の中で、この歴史的出来事による成立によって日本の国民性が形成されるという面が希薄にされています。歴史的出来事とそこで払われた多大な犠牲なしにでも憲法的な転換を果たし得たかのような主張が見られます。しかしそれは国家形成の中心部分に「嘘」を抱えることになるでしょう。憲法の前文の書き変えや、第九六条（改正手続き）の改正、あるいは第九七条（最高法規としての人権）の改正などは、各条項の改正とは異なり、憲法そのものの根本性格を変えるものです。歴史的事件から深く学び、身に刻む必要があるという点で、「憲法」と「原発」は共通した性格をもっているように思われます。原発ゼロを目指すことや、憲法の各条項の改正はともかくとして憲法の根本的性格を維持するといった、歴史的に巨大な事件から学ぶことを基軸にして政党の再編成がなされ、一つの大きな政党が形成されるならば、日本の将来にとって有益な意味を持つと思われます。

かつて明治のキリスト者第一世代によって、「日本の天職」という議論がよくなされました。「日本の天職」はまた「日本の使命」と言ってもよく、「国民性の自覚」と言ってもよいのですが、それはただ地理学的・地政学的に自覚されるものでなく、歴史的出来事とそれがもっている意味を認識するところから成立する性格であると言うべきでしょう。歴史にどう立ち向かうかということは、その人、集団、文化、国民の性格を規定します。非歴史的な天上のイデアや脱歴史的な祭儀、あるいは永遠回帰の神話に支えを見出すのでしょうか。それならその人、集団、国民、文化は、非歴史的、脱歴史的になります。あるいは歴史的出来事を尊重し、その中に含まれた意味について思案し、それを汲み、身に刻んで、新しく前進するかです。「唯一の被爆国」「人権とデモクラシーの国家」といった個性は、歴史的なものです。このたびの原発事故の扱い方が、歴史の意味を汲むことなく、ただ済し崩し的に原状回復に向かい、その追認に終始するなら、日本は歴史的個性を喪失し、国際世界の中で自己喪失の状況に陥るでしょう。

キリスト教は歴史的宗教です。それはただその成立が歴史的であったというだけではありません。主イエス・キリストにおける神の啓示が「歴史的啓示」であり、主イエスの歴史的出現とゴルゴタの十字架や復活という歴史的出来事がキリスト教信仰の中核にあるという意味で、またそれに基づき神の国が時間の中へと到来するのを信じる意味で、一段深い仕方で歴史的です。キリスト教信仰は、歴史の恐怖や試練のただ中で、神の救いの御業と支配が、永遠と時間、彼岸と此岸の二元論的区別を突破して到来し、出現するのを信じる信仰です。「摂理の信仰」においてもそうです。摂理の信仰は、最悪の事態の中にも十字架の主イエスが臨在し、神の統治があると信じ、最悪のことがただ最悪で終わらない、そこから良きことが引き出されると信じる信仰です。歴史的啓示に汲む信仰は、歴史から学ぶことを重大なこととするはずです。

4　政策転換のカイロスと世界文明への警鐘

歴史的な時期を画する決断は「歴史的決断」と言われます。それは、いつでも、どこでもできるものではありません。「時」というものには、ある力を帯びた時があるものです。新約聖書はそれを「カイロス」(時満ちた時)という用語で言い表しました。主イエスが「時は満ち、神の国は近づいた。悔い改めて福音を信じなさい」(マコ一・一五)と言われたとき、「満ちた時」を表す「カイロス」という用語が聖書に使用されました。決断はそのような満ちた時、カイロスの中でしなければならず、そのカイロスが過ぎ去った後では、できなくなります。原子力発電をめぐる政策転換の決断は、すべての原発が完全に廃炉に至るには永い時間を必要とするにしても、「方向の決断」としては「カイロス」の中にあってなされなければならないでしょう。そうでなければ不可能です。

少なくとも廃棄物の処理や事故許容性についてのこの未完成状態にあっては、原子力発電を減らし、方向として原発ゼロを目指すこと。そして他の再生可能エネルギーの開発、環境破壊にならず、将来への負担と危険度の少ない、その意味で謙遜な形態のエネルギー開発に力を入れる、そうした基本的な決断が、社会一般の中に力を持ち、国会において決議される必要があります。すでに四〇〇基以上もある原発によって規定されている現代世界文明の中で、福島原発の事故直後にドイツは転換を選択しました。日本もまたこの方向転換に加わるならば、世界的にきわめて意味のあることです。日本にその決断が可能なカイロスがいつまであるか、確定的なことは言えません。事故から三年を経た今日、カイロスは失われつつあるのではないかとも心配されます。しかし意味深いことは、あの事故以来現実に大部分のときを「原発ゼロ」で経過してきたという事実があることです。この事実があることは、原発ゼロをめざす基本的意志決定を行うカイロスの中になおいると言ってよいでしょう。原発ゼロは観念的な目標ではなく、すでに今の現実であるからです。済し崩し的に前の状態に復帰する受け身の現実主義でなく、勇気を持って理想に挑戦する現実主義、信仰的現実主義によって前進し得るのではないでしょうか。

チェルノブイリ事故は一九八六年でした。その二五年後に福島原発事故が起きましたから、原発依存の文明に対する警鐘は鳴り続けていると受け止めるべきでしょう。この転換の決断ができなければ、日本は「唯一の被爆国」というより、むしろ高濃度の放射能汚染水を海に流出させている国際社会の加害国です。「世界文明への警鐘」を語る資格はありません。「世界文明への警鐘」を鳴らすことは、福島原発事故を体験した日本国民の、とりわけ日本のキリスト者の重大な責任であると思います。

第4章　憲法問題とキリスト教信仰

二月一一日を「信教の自由を守る日」として過ごすご計画にお招きいただき感謝申し上げます。高知は、特に明治一〇年代の自由民権運動の重要な拠点の一つでもありました。そのことも覚えながら、今日は信教の自由を重大な柱として含んでいる日本国憲法について、また今問題になっている改憲案などを取り上げ、キリスト教信仰の観点からお話ししたいと思います。

1　憲法の精神

(1) 立憲国家の思想

はじめに憲法、そして憲法によって国を形成する「立憲思想」とキリスト教の関係についてお話ししたいと思います。憲法は、国権、国の権限を、諸々の法の上位に位置する法によって制約する思想を表現しています。最近、司馬遼太郎が言った「この国の形」という表現によって、日本国とその個性について語られることがあります。憲法についても何か「国家の形」や「国家の個性」を表すのが、その役割であるかのように思われるかもしれません。しかし憲法の本来の意味は、多様に存在する国家の形やその様々な個性の中で、自国の形を表明することにあるわけではありません。結果としてそうなることはあるとしても、憲法の第一の意味は「国家の形」や「個性」に先立って、およそ「国権」というものを至上絶対のものとしない、つまり国権を制約することにあります。どういう個性を持つかといったことは次の問題、あるいはさらにその次の問題です。国権を制約することは、国権の及ぶ範囲が無限でなく、ある領域には立ち入ってはならない、そういう領域があるということです。近代憲法は、そのように国権を制約することを基本的使命としています。「立憲国家」というものは、そのように憲法によって規定され、制約された国権の運用をもって成立しているものです。言い方を変えますと、憲法は「国家の神聖化」を否定して、国家の非神格化、非偶像化を行い、国家が国家以上になることを規制していると言うことができるでしょう。イギリスの政治哲学者ロンドンのキングス・コレッジの学長であったアーネスト・バーカーは、聖書の一句を指して、それが国家の及ばない領域を明言しながら、ダイナマイトのように歴史の中に存在したと語ったことがあります。その聖句は、主イエスが語られた「皇帝のものは皇帝に、神のものは神に返しなさい」(マタ二二・二一)で、やがてこのダイナマイトが爆発したとき、国家の権限の限界が明らかにされ、その権限外に「自由な市民社会」が成立したと言いました。近代的な自由な社会、そして近代的な民主主義国家の誕生は、一朝一夕に生み出されたものではなく、ダイナマイトの爆発後も何世紀かかかりました。吉野作造の言い方で言うと「煩悶」の世紀を過ごさなければなりませんでした。憲法の運命や、自由社会や民主主義の運命を考えますと、人類の歴史はいまなお地域によっては、例えば東欧諸国やイスラム諸国において、しかしまた日本においても「自由な国家と自由な社会」、「自由な国家と自由な社会のなかでの自由な信仰」を求め、それを保持し続けるために、煩悶の時代を過ごしています。

以上述べたように憲法が国権の制約を意味し、国家といえどもその権限を及ぼすことのできない領域があるという思想、つまり「国家の非神格化」の思想であるとしますと、どうしてもそこに国家を遥かに超えて、国家を有限なものとして限定する国家以上の存在、神のような存在が重要な意味を持ちます。またそういう真に絶対的な神を信じる人々が現実にその国の中にいるかどうかということが大きな意味を持つでしょう。そういう人々や団体がないと、現実としてその地域では国家に対抗できる勢力がないわけです。そのため国権の制約と言ってもただ観念的なことになり、実際はいつでも国家至上主義に陥る危険が生じます。このことはまた、何でもよいから宗教団体があればよいというものでもありません。事実、日本には神社や神道があり、仏教もあり、それを信奉する色々な集団もありました。しかしそのどれもが、事実として、国権を有限化する力を持つことはできませんでした。

戦中・戦後の日本の政治哲学者として活躍した無教会の信仰者南原繁は、彼の著書『国家と宗教』の再版を戦後出版したとき、戦中の反省を込めて、その「改版の序」の冒頭に次のような言葉を記しました。

「或る時代または或る国民が、いかなる神を神とし、何を神性と考えるかということは、その時代の文化や国民の運命を決定するものである。敗戦日本の再建は、この意味において、日本の国民のそれまで懐抱して来た日本的精神と思惟の革命の要請であったはずである。……終戦後十余年、わが国の再建は果たしてそれを志向してなされつつあるであろうか。そこにはかえって旧い精神の復興の兆候はないか。真の神が発見されないかぎり、人間や民族ないし国家の神聖化は跡を絶たないであろう」。

国家以上の真の神の発見があって、その神の前ではどんな国家も統治者もその権限をきわめて限定されていること、その神を信じている人々がいること、それが国家が国家以上にならないために重大なことです。イザヤ書四〇章一五節は言います。「見よ、国々は革袋からこぼれおちる一滴のしずく／天秤の上の塵と見なされる。島々は埃ほどの重さも持ちえない」。国々を一滴のしずく、天秤の上の塵と喝破する、至上の神の信仰が、歴史の経過のうちに憲法をはぐくみ、信仰の自由を法的に確立するに至ったと言うべきでしょう。

こうした神への信仰が、国家の権力をもってしても立ち入れない領域があることを認識させ、それは皇帝でなく神に返す領域として、「人格」としての個人の内面の深みを擁護し、「信仰の自由」を始めとしてさまざまな自由に係わる「人権」の思想を育み、およそ一人の人間の「命の重さ」を支えました。「主権在民」（国民主権）の主張は、そうした一人一人の「命の重さ」によって支えられているものです。

日本国憲法は「人類の多年にわたる自由獲得の努力の成果」によると記されています。この「自由獲得の努力」は、その淵源を辿れば遥かに「預言者的な自由」にまで遡り、そこからキリストの十字架の死をかけた「贖い」、つまり「福音による自由」に至りました。「この自由を得させるために、キリストはわたしたちを自由の身にしてくださったのです。だから、しっかりしなさい。奴隷の軛に二度とつながれてはなりません」（ガラ五・一）と言われている通りです。憲法に規定された自由は、その起源について言うと、なお議論はあるでしょうが、キリスト教的、とりわけプロテスタント的なものと言ってよいと思います。それが世界共通価値として一般化されてきたわけです。「信教の自由」は、中でも国家の非神聖化を示すうえで必須の自由と言うべきでしょう。もちろん「信教の自由」は国家を規制する意味だけを持っているのでなく、地方自治体や社会にも関係します。しかし第一義的には、国家を規制しているのであって、国民一人一人を真っ先に規制しているわけではありません。こうした憲法の内容を至極当たり前で自明なこと、まるで平板なことでもあるかのように見なす政治家がいます。しかしそれは、事柄の深みを知らず、そのために払われてきた犠牲の大きさも真剣に受け取ることをしない愚かな人と言わなければならないでしょう。

現代においても国権を制約して信仰の自由や種々の人権を掲げ、自由な民主主義を支える最高法規としての憲法を保持し続けることは、重大課題であり続けています。他方にはまだそのような立憲国家でない国々が現代の世界には多くあります。ごく最近、国際連合の常任理事国の間で「人権」を国連の議論に持ち出さないという主張がされたというニュースを読みました。常任理事国であるロシアと中国の間でそのように話されたと言います。「世界人権宣言」が国際連合の第三回総会において、満場一致で可決されたのは一九四八年のことでした。当時、出席した五六の加盟国のうち四八か国がこの決議に賛成し、当時のソ連や東欧諸国、それにサウディアラビアなど八か国が棄権するに止まり、反対した国は一か国もなかったと言われます。今この事情は違っています。人権を認めず、自由な民主主義を承認しない多くの国々が国際連合に加わっています。人権の擁護と自由な民主主義の遂行とは、世界文明の共通動向にあるに違いないと思いますが、しかしいまなお煩悶の中にあることも明らかです。その中で日本国憲法は他の類似の憲法と共に世界文明の共通方向を示しているわけです。

(2) 第九六条改正の問題

憲法の精神からすると、自由民主党の憲法改正案の中で問題なのは、特に第九六条の改正を目指している点です。第九六条は「憲法改正の手続き」について規定し、憲法改正は「各議院の総議員の三分の二以上の賛成」で発議され、特別な国民投票あるいは国政選挙の際の投票によって「過半数の賛成」を要すると定めています。「国民投票」を実施する要件が不明であったので、それを先ごろ定めました。しかし問題はこの「各議院の総議員の三分の二以上の賛成」による発議を変えようとしている点です。これがあると、事実上憲法改正は不可能と思われているからです。それで、憲法改正の発議の条件を衆議院、参議院それぞれの過半数の賛成で可能にするように変えようとしています。これでは憲法は、一般の法律や条文の改正とほとんど同じレベルに接近することになります。それでは憲法が持っているすべての法を越えた規範的性格は弱められ、国権を制約する憲法の重みは軽減されざるを得ません。改正の容易な憲法で国の権限を抑えることはできないでしょう。憲法改正というより、憲法解消になります。容易に変え難いのは何も日本国憲法だけではありません。アメリカ憲法なども極めて変えにくい条件を持っています。それがまた憲法の権限を支えます。日本には元来あらゆる法を越えた法、法を規定する規範原理としての自然法の感覚や神の法の感覚がありません。そうした中で憲法の規定を弱めれば、国家を制約することはできなくなり、しかも法改正の方向はただただ現状に流されていき、済し崩し的な法律改正にも歯止めが利かなくなるでしょう。

2　日本国憲法が日本に「自生」しなかった事実の意味

憲法が美しい日本語でないといった批判がなされ、「翻訳憲法」と軽蔑的に言われたりしています。これについては石原慎太郎の言うことよりも、本格的な憲法成立史を研究している専門家の報告に聞くべきでしょう。憲法制定に当たって日本人の積極的参加がなかったというような主張はできないでしょう。ただし総じて日本国憲法がその内容から言って、外からのものであったことは明らかです。大日本帝国憲法もそうでした。基本的にプロイセン・ドイツからの輸入と言われる通りです。日本国憲法はアメリカを主としたアングロ・サクソンからの輸入による憲法と言われます。問題はなぜそうだったのか、またその意味は何かということです。

理由は明らかで、日本には「憲法の思想」が自生しなかったからです。日本国憲法が制定されるまで、日本では「人権宣言」ひとつ決議されたことがないのです。「人権宣言」で有名なのは、フランス革命の初期一九七九年に憲法制定議会によって決議された「人権宣言」でしょう。しかしそのフランス人権宣言もまったくの自生ではありませんでした。それ以前のアメリカ諸州（ヴァージニアの権利章典など）の法から汲んでおり、さらにはイギリスの名誉革命後、一六八九年の不成文憲法の法典の一つ「権利章典」（Bill of Rights）などに遡るものだからです。人権の尊重や自由な民主主義の精神や運動は、どの国にも自生したわけではありません。その自生の地は、アメリカ北部のプロテスタント諸州、さらに遡ればイングランドのピューリタンの戦いの中から生まれました。そこからフランスもある面学び、しかしまたある面違った仕方で定着させたのです。ドイツも、憲法や人権思想、民主主義などの輸入国であって、日本が大日本帝国憲法を学んだプロイセン憲法は、人権規定は条件付きで、未成熟なものでした。日本の政治家の中には憲法を押し付けられたような言い方をする人がいますが、その場合人権宣言も自ら表明したことのない日本の精神文化の弱点や限界を、そこに居直るのでなく、反省的に認識する必要があるでしょう。

それともう一つ、「権利章典」や「人権宣言」が入ってくるのは、革命的なことで、流血の犠牲を払う歴史的事件を通してであることを知るべきでしょう。国王や支配層は単なる説得で権限や権力を放棄することはしません。権利は犠牲を払ってでも戦い取らなければならないものです。今日、人権や民主主義がどの国にも普遍的に生まれてくる真理であるかのように言う人がいますが、それは歴史の事実を知らない言い方です。東欧の変革でも、あるいはアラブの民主化の難しさの中にも「自由の法的確立」がいかに困難な戦いの中を通るかが明らかなはずです。人権の承認は理性があれば誰でも了解して受け入れる合理主義的な普遍的真理ではありません。国権を制限して人権を確立する憲法を取り入れることは自生でなく、革命か、それに類する大きな犠牲を払いながらのことなのです。自由は歴史的に戦い取られ、獲得され、そして継承されなければ、奪い去られ、失われるものです。

その意味で一体、日本に「権利獲得の努力」があったのかと問われるでしょう。日本の場合、第二次世界大戦の「敗戦」によって入って来る以外にありませんでした。国内外の多くの犠牲を伴った敗戦の事実があって、はじめて今日の憲法は日本に入ることができたのです。自生したものでないから自主憲法を持つという言い方は、自由や人権、民主主義を放棄する憲法を持とうとでもするのか、あるいは国内・国外に莫大な犠牲を払って敗戦を経験し、そのお陰で自由と人権、民主主義的な憲法を持つに至った経緯を安易に考えることになるでしょう。

押し付けられたといった言い方ではなく、事実、人権を擁護する憲法の「自生」した国家がごく限られていることの意味を理解し、憲法の内容の保持に努める必要があります。近代的憲法は比較的多くの国々に移植されて世界に普遍化してきました。その移植されたものを自主的に獲得することが重要で、それを自生させなかった旧来の伝統的精神や伝統文化との戦いが必要です。その戦いをせずに移植された憲法の放棄を言うのであれば、人権や民主主義を放棄する「保守革命」を遂行するか、それもせず、あたかも自ら人権と自由な民主主義を自主・自生させた風を装おうとするなら、それは「虚偽」の表明であって、正々堂々と国際世界に存在することのできないものになるでしょう。

3　第九条の問題

日本国憲法は、「平和憲法」と言われ、人権や民主主義の原理と共に、第九条の「戦争の放棄と戦力及び交戦権の否認」を際立った特徴としています。「戦力及び交戦権の否認」と言っても、国家としての存在そのものを否定しているわけではないので自衛権は備わっていると解釈され、「専守防衛」の自衛権によって憲法の下で「日米安全保障条約」を結んで今日に至っています。平和憲法ではありますが、自衛のための戦力も保有しない、まったくの非武装・非暴力の絶対的平和主義を掲げているわけではないという解釈です。もし全くの非武装・非暴力であれば、日本列島に軍事的な力の空白を造り出すことになり、かえって周辺国を軍事的侵略の行為に誘惑することになるでしょう。国際世界にあっては絶対的平和主義の実行が平和を造り出すとは考え難いことです。

今日、この平和憲法の規定を守りながら、日本は国際世界の秩序維持にどのように貢献できるかという問いを突き付けられています。昨年（二〇一四年）、安倍内閣が決定した「集団的自衛権」に関する閣議決定は、国際世界の秩序維持の問題よりも、日米安全保障条約の遂行のため、あるいはまた海上輸送など、国外における自国防衛のための措置が必要という判断によってなされました。そのために憲法第九条の従来の解釈を変更して、直接の自衛行動でない場合でも、日本と密接な関係にある国の敵国に対し攻撃の必要があるときにはそれを実行することが許されるという解釈を決定しました。今後、この閣議決定の線で幾つかの防衛関係の法律の改正が国会に提出されるはずです。問題は、従来、一貫して「自衛権」の承認と「専守防衛は許されている」との第九条解釈にとどめて来たのに対し、今回集団的自衛権の容認という憲法解釈の変更がなされたことと、それが「閣議決定」という低次のレベルの決議でなされたことです。その内容は「我が国と密接な関係にある他国に対する武力攻撃が発生し、これにより我が国の存立が脅かされ、国民の生命、自由及び幸福追求の権利が根底から覆される明白な危険がある場合において、これを排除し、我が国の存立を全うし、国民を守るために他に適当な手段がないときに、必要最小限の実力を行使する」というものです。一見してあまり問題がないようにも思われますが、第三国に対し場合によっては先制攻撃を行うことさえ含まれていますから、従来それなりに一貫して歩んできた内閣法制局の「個別自衛権」による「専守防衛」に限定してきた憲法解釈を大幅に変更したことになります。そこにはまた日本の存立が脅かされる範囲を海外に、今回はホルムズ海峡に置く解釈まで出されました。閣議による憲法のこうした解釈変更は、解釈変更による事実上の憲法改正になるというのが、昨年（二〇一四年）の閣議決定の問題性です。これを行うために内閣総理大臣安倍晋三は、異例の人事によって内閣法制局長官を決め、内閣法制局を操作したことも周知のことです。憲法から言えば、第九九条［憲法尊重擁護の義務］において国務大臣がこの憲法を尊重し擁護する義務を規定していますが、先の閣議決定はこの条項に対する憲法違反を意味するのではないかという疑義があります。司法は閣議決定の違憲審査を行うことができるのではないでしょうか。

もちろん現代の国際世界の中で自国の平和と安全をどう守るかということは重大な問題です。これは外交やその他文化関係や経済援助などの活動も含めて検討されなければならない問題ですが、やはり常に専守防衛の意味での軍事面が重視されながら体制整備をしなければならない問題でしょう。「我が国の存立が脅かされる」という発想で、「日本の生命線」が想定され、かつては満州にそれを引き、今回はホルムズ海峡に引くといった仕方で、それを海外に置く防衛構想はもっと慎重に、検討し直すべきと思います。ホルムズ海峡の危険を言うのであれば、エネルギーの多角的な確保をもっと真剣に考えるのが政治の課題でしょう。

しかしもう一つ、自国の問題を越えて人道的な観点から「国際世界の正義と平和な秩序維持」という問題が重大課題になっています。とりわけ「イスラム国」や「アルカイダ」による国際テロリズムに抗していかに対処すべきか、またそれがどのようにできるかが問われています。諸国民の拉致誘拐や自爆テロが各地で起きる時代に、私たちは生きています。この国際世界の中で人間的、また責任的に生きるには、どうしたらよいのでしょうか。憲法第九条は、元来、「平和を愛する諸国民の公正と信義に信頼して、われらの安全と生存を保持しようと決意」して成立しました。そこで、専守防衛を維持しながら、国際世界の平和維持のためにどのように努力する道があるか、憲法解釈の筋道を守りながら追求すべき課題です。例えば第九条に第三項を加えて、国際連合との関連でＰＫＯに類似の活動の道を示すこともあり得るでしょう。しかしそのときにも非軍事的な外交を損なわず、インフラ整備等によって海外の秩序維持に貢献する道があるわけで、日本の歩み得る可能な道を慎重に検討すべきと思います。いずれにしても国会の審議もなく、閣議のレベルで憲法解釈を大幅に変更することは正しい道であるはずはありません。改正手続きのない憲法改正、つまりは憲法破壊の道になっています。

4　司法による違憲審査の弱さ

日本国憲法の特徴として「三権分立」が言われます。これは、「絶対的な権力は絶対的に腐敗する」ゆえに、国権の制限は「権力の分散」を必要とするとの判断によります。司法、立法、内閣の相互監視、相互制約が必要です。しかし日本では、三権分立の中で、司法権が内閣や立法府に対しかなり弱体であることは明らかでしょう。国民一人一人に対しては、国家権力を背景にしておよそ絶対的とも言うべき権力を行使する司法が、なぜ三権の相互監視の中でこのように弱いのか、日本の司法権の歴史的、文化的な伝統に理由があると思われます。立法府（国会）も与党の「一強支配」の下では内閣に対して弱体ですが、法を守る司法権が弱体なのは、憲法維持のためには重大な疾患ではないでしょうか。

先の衆議院選挙と同時に最高裁判所の裁判官たちの国民審査が行われました。そのときの裁判官たちの文章を見ても、憲法の基本に立つ司法の遂行を力説した人は一、二名に過ぎず、多くは現実を踏まえて判断するようなことを書いていました。これでは裁判官の主体性は弱体化するでしょう。日本は済し崩しの現実がものを言う、法の支配の希薄な国です。

憲法第八一条は「法令審査権」を謳っています。しかし違憲審査は事実上ほとんど行われません。選挙における一票の比重の格差を「違憲状態に近い」と司法が指摘しても、国会は直そうとしません。内閣総理大臣や国務大臣の靖国神社参拝は、国費の使用の上でも憲法違反に当たりますが、司法は何も言おうとしません。内閣の憲法解釈の変更にも司法は何一つ口を挟みませんでした。これから集団的自衛権の行使をめぐる法改正が幾つか国会で審議され、制定されるでしょうが、司法はおそらく発言しないでしょう。しかしその法の実行の中で違憲訴訟に訴えることは十分あり得ることです。憲法第八一条は「最高裁判所は、一切の法律、命令、規則又は処分が憲法に適合するかしないかを決定する権限を有する終審裁判所である」と規定しています。今年は、閣議決定によって準備された諸法律がどういう形で国会において議決されるか、そしてそこから起こる問題が最高裁の最終審査権をどのように通過するのか、あるいは今や最終審査権は内閣に奪取された違憲状態が続くのか、国民は注視しなければならないと思います。

5　天皇制問題と天皇の資質

日本国憲法の第一章（第一条から八条まで）は、天皇について規定し、「天皇は日本国の象徴であり、日本国民統合の象徴」と記しています。大日本帝国憲法の第一章に「大日本帝国は万世一系の天皇之を統治す」とか「天皇は神聖にして侵すべからず」とあったのを修正したわけです。しかし憲法の精神と天皇制とは依然として一種のジレンマを持ち、日本人の中にアイデンティティの分裂構造があることを示していると言わなければならないでしょう。天皇が象徴であることは憲法との矛盾を孕んでいます。天皇はそもそも憲法的起源の制度ではないからです。「象徴」についても、憲法の精神を明確にすれば、憲法こそが「日本国の象徴であり、日本国民統合の象徴」であるべきものです。「天皇」が神道という特殊な宗教を背景にし、それが憲法を自生させなかった文化や精神の宗教性を表してきたことも、天皇制と憲法の調和の難しさを表しています。天皇が憲法の方に接近するか、それとも憲法が天皇の方に接近するかで、様子が俄然違ってきます。

従って日本国憲法に従えば、「憲法的な天皇」であることが重大でしょう。天皇の即位は憲法に従うものです。大日本帝国憲法では、逆に、天皇による憲法制定（欽定憲法）でした。「欽定憲法」は憲法の本質的な歪曲と言うべきものです。敗戦時に天皇は「立憲君主」として振る舞ったとよく言われました。しかし戦前の天皇を英国の「君臨すれども統治せず」の立憲君主のように言うことは、元老の中で西園寺公望などはその方向を求めたと言われますが、当時の憲法体制として不可能な道でした。大日本帝国憲法が欽定憲法であり、イギリス型でなく、ヴィルヘルム一世のプロイセン・ドイツ型を追求したことは歴然とした事実です。ドイツの場合、その帝政は敗戦と共に崩壊しました。しかし日本では天皇制は残りました。

現行の「皇室典範」は昭和二二年に日本国憲法と同時に施行されましたが、「憲法的天皇」であるためにはより一層憲法に即して改正されるべきものです。「皇男子孫之を継承す」は大日本帝国憲法で、男子による皇位継承を現行皇室典範が定めているのは旧体制の遺物です。日本国憲法の精神は両性の平等に立っていますから、当然、女子の皇位継承を承認すべきでしょう。また天皇の人格を尊重し、人権も承認すべきと思われます。事情によって退位する自由を承認すべきですし、さらに憲法の精神に従って神道的天皇に固執すべきではなく、天皇にも信教の自由を承認すべきはずのものです。そうでないことは、神道の国教化を依然として脱していない曖昧さの中にあることを意味します。

かつて南原繁を始め一群の人々が、天皇に「戦争と敗戦の道義的責任」があると主張しました。大日本帝国憲法は天皇を法的責任の外に置いていましたから、法的責任を云々することまできませんでした。しかし道義的な責任として昭和天皇の退位の必要を語った人々はいたわけです。天皇の従兄弟で側近中の側近であり、また内大臣であった木戸幸一もその主張であったと言われます。しかし昭和天皇はついに退位しないままに終わりました。皇室典範に退位の条項がなかったことがその一因ではなかったかと言われますが、それだけではないでしょう。これを質そうとしない国民性もあったのです。「一億総懺悔」などと言って、責任の所在を明確にしませんでした。戦後、道義の頽廃が起きた原因の一端は、敗戦における責任の隠蔽にあると指摘する人々に、南原繁はじめ、立花隆などがいます。道義の頽廃はどの時代にも起き、その時代の根本的要因や日本人の精神文化のありようなどに原因があるでしょう。しかし膨大な大戦に突入し、前代未聞の犠牲を払っての敗戦に対して、これといって適切な責任の処置がとられないということは、戦後社会の形成に影響を与えないはずはなかったと思います。連合国側による東京裁判はありましたが、日本国民は不問に処しました。その典型的な表現が靖国神社に現れ、A級戦犯者らも神々として合祀され、人々はそれに拝礼し、総理大臣が参拝するといった現象です。戦後日本は根本的に無責任を抱え込みました。

現天皇は、即位のときに、憲法の規定に従って即位すると明言したのを記憶しています。最近の誕生日談話では日本国憲法による民主と平和のために積極的な発言をし、安倍政権批判と曲解され、一部（安倍総理大臣のブレーンと言われる麗澤大学教授八木秀次など）の批判を受けています。しかし本年二〇一五年一月二日には新年に当たっての感想を、宮内庁を通して発表し、戦後七〇年に当たり、「満州事変に始まるこの戦争の歴史を十分に学び今後の日本のあり方を考えていくことが、今、極めて大切なこと」と発言しています。現天皇は憲法的天皇としての資質を備えていると言うべきでしょう。しかしそれでも天皇制と憲法の間には、皇室典範の憲法的方向での一層の改正や天皇の神道からの脱却が基本的になければ、なおジレンマはあり続けます。

6　内閣総理大臣の資質

安倍晋三内閣総理大臣が立憲政治の視点から適切な資質を持っているかと問えば、幾つかの点で「否」と言わなければならないでしょう。重大な点は、彼の憲法改正の姿勢です。憲法改正を実行することが憲法に対して不適切と言うのではありません。そうでなく、憲法改正は「憲法の精神」に則して実行されなければならないということです。真っ先に第九六条の改正を狙うことは重大な問題です。さらに憲法の全体の変更を主張するのも誤りです。それでは憲法改正ではなく、憲法解体の主張になります。

最近では、ともかく変えられるところから手を付けていくという方針に転じたという報道もあります。これも極めて問題でしょう。憲法改正は当然、どうしても変えなければならないところに限って、そこを改正するものです。変え易いところから変えていくというのは、いかにも憲法を見くびった態度であって、憲法を掲げた一国の総理大臣の態度ではありません。憲法第九九条の「憲法尊重擁護の義務」に照らして譴責されても仕方のないものと思われます。憲法によって国権を制限するという憲法の精神が真剣に理解されていないわけです。

総理大臣がその職務において靖国神社に参拝し、「英霊」を祭る行為をすることも、憲法を尊重しない違反行為です。さらに言えば、A級戦犯を含めて英霊として参拝したことは、いくら「不戦の誓い」などと言っても、戦争責任問題を曖昧にし、いたずらに外交問題を困難にしました。「戦後レジーム（体制）からの脱却」という発想で、憲法を脱却すべき戦後レジームと受け取っていることが根本にあるのでしょう。さらに歴史認識の問題があります。歴史認識は、内閣総理大臣の重大な資質をなすものです。戦前・戦時の超国家主義、軍部独裁や特高体制などを知らない世代は学ばなければならないでしょう。戦時の「強制問題」は、陸軍の正式文書がなければ強制はなかったのでなく、当時、強制は空気のようにあったのです。キリスト教会は礼拝の前に「宮城遥拝」を強いられました。ホーリネス派の牧師たちの中には厳しい獄中生活を強いられ、獄中死した人もいたのです。戦後、国家による彼らの名誉回復はいまだ行われていません。強制は文章の問題でなく、狂気の時代の空気でした。日本国民はそうした狂気の空気に抑えられる弱点を持っています。「一億総懺悔」で被害者も加害者も一緒くたにし、真の悔い改めを欠如させたのも、日本の精神や文化の問題性を表しています。戦後体制の転換を言う前に、戦前体制の問題性とその原因を正確に認識すべきでしょう。

7　キリスト者の意義

キリスト者は神のみを神として信じ、礼拝し、そして伝える者です。そういう人々が日本にいることは、それだけですでに大きな意義を持っていると思われます。日本国憲法の精神の重大な起源の一つはピューリタニズムにあると言ってよいでしょう。人権の思想や民主主義がそうです。他方、日本のキリスト教は、もちろん直ちにピューリタニズムではありませんが、ピューリタン由来のものと言うことはできます。ピューリタンからアメリカの福音主義を経て、その信仰復興運動によってアジアに、そして日本に伝来しました。日本国憲法とこのピューリタン由来の福音主義的自由教会は、親和性をもっています。ある面、起源を共有しているからです。戦前の大日本帝国憲法のときにはこの親和性はありませんでした。キリスト者だからこそ、日本国憲法の精神を深い所から理解する面があってしかるべきでしょう。

立憲政治によって国権を制限した統治がなされることが必要だという感覚がその一つです。人権がなぜ尊重されなければならないか、キリストの贖いを受けた人格の重み、人命の尊さをキリスト者は知っているはずです。信仰の自由がキリストの十字架の福音によって、与えられた自由であることをキリスト者は知っています。それゆえに命がけで守るべきものであることを知っています。独裁に代わる討論の大切さも、聖霊が語らせることに耳を傾ける謙遜と結びついています。キリスト者はまた平和の尊さとその難しさを知っているはずです。救いは神の平和に入れられることです。平和を求める祈りはキリスト者の大切な祈りです。キリスト者は歴史に働く神の力に信頼し、最後の審判に希望を持ち、世界の滅亡でなく、神の国が歴史を完成させることを信じています。そのときまで神の恵みの御業を証し、宣べ伝えます。自由な国家と自由な国際世界、その中での自由な礼拝と自由な伝道、それによって世の終わりにおける神の国のまったき到来を待ち続けます。日本国憲法は「信教の自由」や「結社の自由」の規定によって、自由な国家の中の自由な信仰、従って自由な伝道を支持しています。キリスト者がいることは、それを実践する人々がいることで、そういう人々とその実践があることが、それが失われないために必要なことです。私たちが生き生きとした礼拝にあずかり、福音を伝え続けていくことが、この国と世界の歩みにとって重大な意味を持っていることを覚えて、前進し続けたいと思います。

第5章　平和を求める祈りと憲法第九条

「平和」の問題についてキリスト者はどのように取り組むのでしょうか。まずその典型的な対処の姿勢についてお話し、それからいま現に問題になっている「集団的自衛権」の問題についても、考えるところをお話したいと思います。

1　キリスト教平和主義とキリスト教現実主義

平和問題に対するキリスト教の姿勢には、典型的に言うと、二つの行き方があると言ってよいと思われます。一つは「キリスト教平和主義」(Christian Pacifism) の行き方で、一般にはこれが平和に対するキリスト者の通常の姿勢と受け取られているのではないかと思われます。これは「非暴力」(non violence) に徹し、他者から暴力による攻撃を受けたときにも「無抵抗」、もしくは「非暴力的抵抗」に徹する厳しい行き方を意味していますが、キリスト教会の行き方としては、これは実際には歴史上少数のグループの行き方でした。教派で言うと、フレンド（クエーカー）派やメノナイト派に見られる行き方で、国が戦時にあるときには「良心的兵役拒否」の形を取って、時には獄中に身を置く行き方でもあります。キリスト者ではありませんでしたがマハトマ・ガンジーのインド独立運動や、その影響を受けたと言われるマーチン・ルーサー・キング牧師の公民権運動が「非暴力」の代表的な活動として挙げられます。

通常この行き方は「山上の説教」に根拠を持っているように言われ、実際「だれかがあなたの右の頬を打つなら、左の頬をも向けなさい」（マタ五・三九）という主イエスの御言葉はこの行き方を教えているようにも思えます。しかし厳密に言うと、「山上の説教」は何らかの政治的主義や特定の政策を示したものではありません。「山上の説教」は、それを語った主イエス・キリストというお方の存在とその御業から離れて妥当する特定の主義や原則を語ったものでなく、主イエスから聞き続ける御言葉、その御言葉と共に主イエスに結びつき、主イエスにあって働く神の国の恵みの力によって造り変えられることを語っています。

キリスト者の平和問題に対する姿勢にはもう一つの典型として、ラインホールド・ニーバーが「キリスト教的現実主義」（Christian Realism）と呼んだ行き方があります。これは人間がどこまでも罪の存在であることを認識し、人間の善意の中にさえ悪が働くことを洞察します。その意味では「非暴力」をもって悪を犯すこともないわけではありません。そこでこの行き方は、人間の罪の現実に対して現実主義的に対処しようとします。そして悪の力に抵抗するのに「非暴力」でなく、「力の均衡」(balance of power) をもってします。ニーバーはこの主張によって、ナチスの非人間的な悪行でヨーロッパが蹂躙されるのをアメリカ国民が「平和主義」のもとにただ傍観する誤りを警告しました。「キリスト教平和主義」の名による怠慢や利己主義の無責任を批判したと言えるでしょう。

2　平和主義と現実主義の双方の限界

「キリスト教平和主義」の行き方は、犠牲を覚悟した個人の行き方として時に可能であるとしても、国家の道としては不可能と言わなければならないでしょう。自己を犠牲として差し出す国家は、国民に対して無責任の罪を犯すことになります。また、「非暴力」や「非武装」を国家として実践するなら、甚だしく悪に染まった国は、その非武装・非暴力の国や地域に侵攻し、占領する誘惑にかられるでしょう。日本軍が満州に出軍したときの満州は軍事的な空白地域になっていて、ロシアも狙っていたという説があります。どんな善の国にも甚だしい悪の要素は常に隠されていますから、あらゆる国が理由をつけて、軍事的空白地域を侵略する誘惑にかられるのではないでしょうか。非暴力・非武装によって侵略や戦争を誘発することになり、その責任は侵略した国にあるだけでなく、侵略へと誘惑した国にもあることになります。
国家の道でなく、一つの国の中の国民の道として「キリスト教平和主義」が有効な場合はありません。しかしそれも常に正しいというわけにはいかないでしょう。ガンジーの無抵抗はあの時代のイギリスが相手でなければ独立運動として成功しなかったでしょうし、キング牧師の非暴力も自由な民主国家の枠内でなかったら意味をなさなかったでしょう。国際社会の声も気にしない閉鎖的な独裁国家であれば、流血による弾圧を平気で行うことも考えられます。「キリスト教平和主義」は、ただ「立憲主義の国家」「自由で民主主義的な国家」「国際社会に開かれた国家」の枠内でこそ有効であって、むき出しの独裁国家の中では役割を果たすことはできないと思われます。

それでは「キリスト教現実主義」なら平和を実現できるかと言えば、それもそう単純ではないと思われます。「力の均衡」はいつでも「均衡」を破って、肥大化した武装に向かうのが常です。「力による勝利」の中にはいつでも悪が潜みます。勝利者には常に奢りが伴い、敗北者が抱かされる屈辱は、決して平和にはつながらないでしょう。「キリスト教現実主義」による「力」の行使やそのそぶりによるだけで平和を実現することは決してできないでしょう。力が均衡しているだけの状態は平和とはおよそ言えませんから、「力の均衡」による平和形成にはおよそ限界があると言わなければなりません。平和には、自分を投げ捨てた愛の犠牲が必要です。「力の均衡」を越えるものがなければ平和を維持することはできないでしょう。

「キリスト教平和主義」と「キリスト教現実主義」は両者ともに弱点を持っていると言わなければならないでしょう。両者は、それぞれの弱点を補い合う意味で、互いを必要としているとも言えると思います。「キリスト教現実主義」に守られることで、「キリスト教平和主義」は活動の空間を持ち得るでしょうし、「キリスト教現実主義」は「キリスト教平和主義」からの絶えざる批判にさらされなければ、それが承認している武力の備えやその行使は、悪魔的なものになりかねません。平和の問題をめぐって、実際、私たちの思考は両者の間を揺れ動きながらその時々の進路を模索しているのではないでしょうか。しかしその上で、両者を合わせ生かしたとして、それでも平和を造り出すことは困難で、私たちはせいぜい一時的で、束の間の平和を何とか維持し、持続させることに力を注ぐのが精一杯ではないでしょうか。現実は決して甘くはありません。絶対的とも言えるような確定的平和状況を造り出すことはできず、せいぜい相対的な意味での平和の維持が人間の課題というほかはないでしょう。真の平和の実現は、人間の主義や原理、非暴力、あるいは力の行使といった一定の行動パターンによって達成されるものではありません。平和は神の業であり、神からの賜物であって、平和を真実に求めることは、平和の神への祈りを絶やさないことでもあります。

3　平和を求める祈り

真の平和の実現は、「平和の神」の御業です。神が「平和の神」でなければ、戦争こそが人間の常態と化します。ながく戦争状態にある地域では、国家がある以上、あるいは人間が存在する以上、戦争は不可避と考えられるかもしれません。あるいは国家の本質も、人間の本質も戦闘的と考えられるかもしれません。しかしそれは錯覚です。平和こそが創造者の本質ですから、その創造者によって創造された被造物の秩序でもあります。聖書によれば、神は「平和の神」であり、その民に「平和」（シャーローム、エイレネー）を約束し、キリストの十字架によって平和の根拠を打ち建て、互いに平和の挨拶を交わすように求めておられます。この神への信仰によって、平和のために祈り、平和を願い続け、平和の挨拶を交わすことが、キリスト者の義務であり、真実な信仰のあり方になりました。さらに平和の神は、平和を求める私たちの祈りを受け入れ、祈り続けるように励ましてくださいます。そして誠実に祈ることは、祈る人間をその祈りの内容に即して変えます。祈る共同体をその祈りに即して造り変えてくださいます。神に祈ることができることは、困難の中で希望を与えられ、私たち自身の相対的な平和維持の努力の中で支えられ、励まされ、より正しい方向に向けられ、誤りを修正され続けるでしょう。

平和の神への信仰は、神の摂理に対する信頼を与えます。摂理に対する信頼は、あらゆることを疑う不信の感情や敵対感情、あるいは現実に対する絶望感から解き放ち、将来に希望を懐くことを可能にします。政治の世界には、ただ不審な疑いや暗い絶望が渦巻くだけでなく、自・他に対する信頼が必要です。もちろんナチスのような相手と向き合ったら融和政策に徹すればよいわけではありません。相手によっては延々と続く戦いの中で勝利を疑わないことが重大な場合もあるでしょう。ナチスのイギリス攻撃も、ロシア侵攻も成功せず、旧日本軍のアジア侵略も持続できませんでした。一九八九年のソヴィエト連邦崩壊の中で、旧ソヴィエト軍の指導者たちの一部は反動を企てましたが、軍事的暴発になりませんでした。神の摂理が働いています。摂理に対する信頼は、クールな知性の働きの中で絶望に身を委ねないように働きますし、また敵に対しても愛を失わないように導きます。平和を神に祈ることは、自分自身が平和に対して無力であることを承認すると共に、神はその自分と共に他者を用いて平和に導いてくださることを信頼し、そのことを考えに入れます。他者の存在を尊重し、他者の苦境についても思いを馳せることが、平和な神への祈りの中には含まれるのではないでしょうか。敵を愛するとは、祈りの中に覚えること、そして知性をもってその状況を理解することです。それが平和維持の努力には必要でしょう。イスラム過激派が置かれている状況、中国政府と国民が置かれている状況、北朝鮮の支配層や非支配層の実状も、そうした「祈りによる愛と知性の対象」であると思われます。

4　憲法第九条と集団的自衛権の問題

今問題になっている「集団的自衛権の問題」についても考えてみたいと思います。この問題には「二つの重大問題」が絡まり合っています。「集団的自衛権の問題」は、一方からしますと「平和問題」と深く関連しています。東西冷戦の時代がソヴィエト連邦の崩壊や東欧諸国の民主化によって終止符を打たれ、世界は新しい世界秩序を目指しました。その後の世界は、アメリカの一強支配が規定するようにも見えました。しかし国際テロリズムが俄然前面に現れ、アフガニスタンでのテロとの戦いやイラク戦争が起こり、アジアでは中国の海洋進出が顕著になり、アメリカの世界影響力は著しく衰えてきたと言われます。この背景の中で湾岸戦争の頃から、しきりに「集団的自衛権」の問題が意識されてきました。世界平和の維持、あるいはグローバルな秩序形成、秩序維持のために、日本はどういう貢献ができるかと問われてきたわけです。

「集団的自衛権の問題」はしかしもう一方からしますと、「日本国憲法に対する違憲問題」に踏み込みます。日本国憲法は、国際紛争の解決手段として戦争に訴えることを放棄しているからです。第九条は、「日本国民は、正義と秩序を基調とする国際平和を誠実に希求し、国権の発動たる戦争と、武力による威嚇又は武力の行使は、国際紛争を解決する手段としては、永久にこれを放棄する」と謳い、第二項には「前項の目的を達するため、陸海空軍その他の戦力は、これを保持しない。国の交戦権は、これを認めない」と規定しています。この憲法の規定は国の内外に幾百万という人々の犠牲をもたらした先の世界大戦における日本の他国侵略の誤りと敗戦の経験から生まれました。しかしそれにしても「個別的自衛権」は国家の存在とともに放棄しているはずがないとして、「専守防衛」に努める「自衛隊」は保有できると解釈されてきました。ただし「集団的自衛権」の行使となると、日本が直接攻撃されなくとも、他の関係国が攻撃されたとき、その攻撃国を攻撃する権利を主張することで、日本が積極的に自ら戦争に参加することになります。「専守防衛」の概念は崩れることになります。

「集団的自衛権」を容認する閣議決定がすでに下されました。今後は「自衛隊法」をはじめ幾つかの法律がその線に沿って改正されると言われます。それらは憲法に違反する法律になる可能性が濃厚です。もし司法権が「三権分立」によって確立していたなら、この閣議決定やそれらの法律に対して、それが起こした問題に直面すれば、「違憲」の判決を下すでしょう。しかし衆議院や参議院の選挙の実情についても一票が持っている格差が大きく、法の下の平等について違憲に近い状態と司法からの指摘がありながら、国会は改めません。その様子を見るにつけ、日本は司法権の弱い国と言わなければならないでしょう。法の支配より、済し崩し的な現状がものを言う国です。「三権分立」にはなっていないと言うべきでしょう。最高裁判所自体が済し崩し的現状に引きずられています。

先の閣議決定は次のように述べています。「我が国に対する武力攻撃が発生した場合のみならず、我が国と密接な関係にある他国に対する武力攻撃が発生し、これにより我が国の存立が脅かされ、国民の生命、自由及び幸福追求の権利が根底から覆される明白な危険がある場合において、……他に適当な手段がないときに、必要最小限の実力を行使することは、……憲法上許容されると考えるべきであると判断するに至った」。つまり日本に直接武力攻撃がなされていなくとも、「明白な危険がある場合」には、武力攻撃をしてよいというわけです。「明白な危険がある」と言っても、それを誰が何をもって判断するのかという問題もあります。これでは「専守防衛」でなく、「先制攻撃」にもなりかねません。憲法第九条に服していないことになり、「憲法改正」の手続きなしに第九条を変更したことになります。「集団的自衛権」の行使を認めるのであれば、まず憲法改正を先行させなければならないでしょう。グローバルな秩序に対する責任を考えるためには、「戦争の放棄、戦力および交戦権の否認」によって自衛権を「専守防衛」に限定した上で、世界秩序の維持や形成にどう貢献できるかを検討する道もあるでしょう。難しい問題ですが、第九条の基本線に立ちながら、世界秩序の形成や維持に貢献できる道を、第三項を設けて遂行する工夫もあり得ると思われます。そうでなければ、内閣が率先して憲法第九条と共に第九九条（天皇、国務大臣、国会議員、その他公務員の憲法尊重擁護の義務）に違反することになり、ひいては憲法を「国の最高法規」とする立憲制度を崩壊させることにもなります。

ただし、グローバルな秩序に対する責任を考える際にも日本が海外で軍事的に活動できる国になることがどれほどの意味を持ち得るのか、冷静に検討すべきでしょう。イラク戦争の失敗、アフガニスタンやシリアで見られるテロリズムに対する空爆による攻撃の効果とそれがもたらす意図しない犠牲の大きさ、中近東に対する欧米諸国の係わりと日本の係わりとの歴史的な大きな相違、日本のこれまでの不十分ながらの非軍事的な海外貢献、こうした諸問題を検討して、日本が軍事行動を起こすもう一つの国になることの意味と、もっと集約的、有効的に非軍事活動を行う国になることとの国際社会にもたらす貢献度の相違を考えるべきです。

さらにもう一つ加えれば、「集団的自衛権」問題では、「我が国の存立が脅かされ、国民の生命、自由及び幸福追求の権利が根底から覆される明白な危険がある場合」として、ホルムズ海峡が「機雷」などの設置で閉鎖される場合が挙げられました。それは国防の観点からも稚拙な議論と言うべきです。満州が日本の生命線といった過去の愚かさから抜け出ていないのではないでしょうか。日本は国防上の防衛線を日本国外に敷くべきではないと思います。戦前、移民法によってアメリカが日本人移民を排除したとき、「我に移民の要なし」と語ったのは、石橋湛山でした。ホルムズ海峡が閉鎖されてもやっていける、場合によっては「我にホルムズ海峡の要なし」と言えるエネルギー政策を立てることこそ政治の責任であるはずです。それは決して不可能なことではありません。

5　政治家の歴史観

憲法第九条は、もちろんそれ自体が国際平和を支えてきたと言えるものではありません。しかし日本の国権の軍事的発動を抑制し続けてきたことは事実です。憲法は他国の国権を抑えるものではなく、自国の国権濫用を抑えるものです。それは今後もこの憲法が果たすべき重大な役割でしょう。それを法的な改正手続きなしに変更する現在の内閣は危険な性格を帯びていると言わなければならないでしょう。この政権は、第一次内閣の時代には「教育基本法」を国家主義的な方向に変更しました。真の教育は国家を越えた視点に立ってなされるべきであるのに、国家のための教育の方向に変えてきました。今回は「靖国神社参拝」によって、近隣諸国との間に大きな溝を造りました。特に同じ自由と民主主義的な価値を共有する韓国との間に溝を深めたことは現内閣の失政と言うべきものです。そうでなくとも「竹島問題」や日本軍の「慰安婦問題」といった困難な問題を抱えてきたのです。靖国神社は、天皇の軍隊で戦死した者だけを英霊として祭り、しかも戦争責任を曖昧にして祭り続けていますが、総理大臣がそこに参拝することにこだわったのでは、いくら対話の窓は開いていると言っても、口先だけになってしまって、円滑な外交を営むことは困難になります。相手を甘く考えるべきではないでしょう。「積極的平和主義」を唱えるなら、日本が昔から集団的画一主義によって他者感覚を希薄にする欠点を帯びてきたことをわきまえて、平和形成の努力をするべきと思います。

日本の政治家には皇国史観や民族主義的な歴史観ではなく、「憲法の精神に即した歴史観」をもって政治を進めていくことが期待されます。憲法改正の必要な条項があれば、憲法の精神の線上でその条項改正を考えるべきです。「戦後レジーム（体制）からの脱却」などと言って、憲法の換骨奪胎を図ることは、先の大戦の責任を不明確にした非歴史的なやり方に通じるもので、歴史から学ばない行為と言うべきでしょう。その内閣によって今回「集団的自衛権を認める閣議決定」が行われたわけで、「憲法の精神」を離れて、どこに向かっていくのか、危うさを感じないわけにいかないでしょう。

国民はできることならば、「政治家の歴史観」に注目しながら、投票行動をしなければならないと思います。日本の政治家には、「憲法的な自由とデモクラシー」に価値を置いた歴史観が期待されます。他国の政治家から歴史観や歴史認識を問題にされて、歴史の細部問題はともかくとしても、「歴史解釈の問題は歴史家に委ねる」と言う政治家は、一国の総理大臣として相応しいとは言えません。インドのかつての首相ネルーが獄中から娘に宛てて『父が子に語る世界歴史』（みすず書房、全八巻、新版二〇〇二年）という歴史書を手紙の形で著したことを思い起こします。一流の政治家は同時に優れた歴史理解を持っているものです。優れた政治政策は、優れた歴史理解から出てくるでしょう。誤った政治政策の背後には誤った歴史理解があるものです。共通の歴史観の確認を求める相手に、歴史観の共通性なしに無条件の対話を要求するのは、かならずしもよいことではありません。歴史観がまったく異なる相手であれば、そうしなければならないでしょう。しかし歴史理解を共通基盤にして対話し得る相手もあるはずです。

もう一度平和問題に戻ってこの講演を終わりたいと思います。常に平和を用意し続けることが重要です。戦争になる前に戦争を予防する行為、戦争防止の行為をなし続けることが平和問題の要諦と言うべきでしょう。戦争ができるように準備するより、それに優って平和を維持し、戦争を防止するために腐心することが重要と思われます。病気について予防医学があります。病気に罹ってから治すのでなく、罹らないように予防するわけです。予防が治療に優ります。このことは平和問題に一層当てはまるでしょう。戦争は一旦勃発したら、予想を越える膨大な犠牲を引き起こすのが常であるからです。戦争を予防する行為には、相手とその心を甘く考えて、読み違いをしないことが重要です。相手の状況、そして考えや気持ち、隣国や遠い国の人々の状況、その歴史や考え方をよく理解することが、平和のために必要な能力です。平和の祈りの中で、自分と他者、自国と他国の立場を冷静に認識することを求める者でありたいと思います。

第6章　「第二次大戦下における日本基督教団の責任についての告白」
――その意味と問題

二〇〇七年四月、アジア諸国で宣教師として働いているドイツ福音主義教会の牧師たちが日本に集まり、研修のときを持ちました。その最初の日の会合において「日本基督教団の戦責告白」について講演をするようにとの依頼が、教団の責任者から私のもとにありました。以下は、そのときに語った内容です。二〇〇六年の日本基督教団総会議長の総括の文章の中に、日本基督教団としての「一二項目の反省」が語られ、その中にも「教団戦責告白の教会的位置付けを明確にし得なかった」ことが挙げられています。この問題に関心のある方は多いと思われますし、またこの講演については、後に『東京神学大学報』（二〇一三年六月号）の中で当時の東京神学大学理事長が「広く知られて欲しい」と書かれました。そうした背景がありますので、ここに掲載する次第です。

皆様のアジアにおける伝道のお働きを感謝し、短い講演をさせていただきます。今日、私に求められておりますのは、「第二次大戦下における日本基督教団の責任についての告白」（いわゆる「教団戦責告白」）について語ることです。

一九六七年、日本の敗戦から二〇年以上を経て日本基督教団は、当時の総会議長の発意によって「議長声明」という形で、「日本基督教団戦争責任告白」の文書を発表しました。それは、B5版にすれば一枚に収まる、日本語で一〇〇〇字ほどの短い文章です。その内容は、「わたしどもの祖国が罪を犯したとき、私どもの教会もまたその罪におちいったこと」「あの戦争を是認し、支持し、その勝利のために祈り努めることを、内外にむかって声明したこと」「国を見張る使命をないがしろにしたこと」などを「懺悔」し、「主のゆるしを願うとともに、世界の、ことにアジアの諸国、そこにある教会と兄弟姉妹、またわが国の同胞にこころからのゆるしを請う」というものでした。

特に戦時下において日本基督教団の名でアジア諸国の教会に宛てて出された諸文書がありました。それらは当時の日本の軍事的侵略行為を是認し、それと一体化した内容のもので、出さずに済んだのであればおよそ出すべき種類の文書ではなく、後に「こころからのゆるしを請う」のは当然のことでした。その謝罪の意志を明らかにしたところに、この声明の歴史的意義があったと言ってよいと思います。

　しかしその後、この声明をどう受け入れ、どう評価すべきかをめぐって、日本基督教団は混乱におちいりました。教団の責任者は、特別な委員会を設けて、この声明の評価の仕方を明確にして混乱を防ごうと努力しました。しかし現実には、混乱を治めることはできませんでした。その上、翌年には、日本各地の大学で、フランスやドイツでもそうであったように、学生運動が起こり、特にいわゆる「新左翼」に方向づけられたラディカルで、しかも暴力を振るう勢力による運動が教団の中に侵入しました。これが決定的に作用し、以来、日本基督教団は四〇年近く「教団紛争」の中に巻き込まれ、今日でもそこから完全に立ち直ることができていない状態です。紛争はその後次々と主題を変え、いまは洗礼を受けない人にも聖餐を与え、「信仰と秩序」の混乱を起こす仕方で、教会とキリスト者のアイデンティティに破壊的な作用を及ぼしています。それにはまた、宗教の異なる人々にも「ホスピタリティ」（Gastfreundschaft）として聖餐を与えるべきというハイデルベルクのテオ・ズンダーマイヤーの神学的に誤ったサクラメント執行についての主張も、影響を与えていると思われます。

　ところで「教団戦責告白」に対する態度は、日本基督教団の牧師たちの間では、概略、以下のように五つに区分されます。(1)「教団戦責告白」をまったく受け入れない立場があります。その理由はさまざまで、日本基督教団よりもむしろ「日本の戦争責任」をこそ問題にすべきで、戦時中の弾圧下で教団には抵抗の自由がなかったという判断もあります。(2)第二は「戦責告白」を議長声明として承認するが、それ以上には尊重しない、特にそれを過大に尊重することで教会形成上の混乱が生じることを警戒する立場です。(3)それに対して、「教団戦責告白」をただ承認するだけでなく、それを尊重して「教団信仰告白」と同列に置く立場があります。「教団信仰告白」は、一九五四年に教団の総会において圧倒的多数の賛成によって制定されたもので、使徒信条を主たる内容にしながら、正典としての聖書、三位一体とキリスト論、信仰による義認の信仰、その他聖化、教会の一致のしるしなどの信仰内容を言い表した信仰告白です。それに「戦責告白」を加えるか、もしくは「教団信仰告白」に並べて「戦責告白」を「第二の教団信仰告白」にしようとするのが、この立場です。(4)「教団信仰告白」を無視して、むしろ「戦責告白」の方を重視しようとする立場があります。「教団信仰告白」に替えて「戦責告白」の方を日本基督教団としての信仰告白にしようとします。この場合、洗礼のときに「教団信仰告白」を告白するのでなく「戦責告白」を言い表して洗礼を施すことになるでしょうが、「教団戦責告白」には洗礼と結びつくような信仰の表現は含まれていません。従ってこれは、信仰的にも神学的にも成立し得ない立場と言わなければならないでしょう。(5)「戦争責任告白」の表現ではなお足りないとして、もっとラディカルな政治的姿勢を求める立場もあります。この立場は「教団信仰告白」も拒否しています。

こうした種々の立場で混乱した状態が続いているため、昨年（二〇〇六年）行われた教団総会において、現在の教団総会議長はその年次報告の総括文の中で「荒野の四〇年」という表現の文章を記し、教団の混乱とその中での誤りを一二項目にわたって挙げました。その中の第九項目に「いわゆる『戦争責任告白』の教会的位置付けを明確にし得なかったこと」は「誤りであった」とされています。

一体どうして日本基督教団は、「戦争責任告白」によって混乱したのでしょうか。いくつかの理由がありますが、特に三つの点を挙げることができるでしょう。混乱を起こした一つの理由は、「総会議長の名による声明」という教会論的に低いレベルの形で「戦争責任」の問題を表現したことです。それ以外には容易でなかったと言えるかもしれません。「議長声明」は「信仰告白」とはもちろん異なり、さらにはいわゆる「教会的・神学的な声明」（Erklärung）とも異なります。実際、発表された内容について事前に特別な委員会による内容審議もなく、教団の常議員会、その他の代議員会や総会での内容的推敲や修正もありませんでした。重大なことを扱うのに、議長個人の考えの表明という、教会論的に軽い形の文書で済ませたことになりました。それでもこれを「教団信仰告白」と同じに扱い、「教団信仰告白」に代えて重視しようとする牧師がいるということは、日本基督教団の中には教会法的にも神学的にも事柄を適格に理解しようとしないか、あるいはそうする力のない牧師がいることを意味しています。

第二に挙げるべき混乱の理由は、その文章の内容があまりにも短く、不十分で、神学的な検討に耐え得るものでなかったという事情があります。この文章の内容について真剣に神学的に、また研究的に扱われた例はありません。「あの戦争に同調すべきではありませんでした」と記されていますが、どういう理由からそう言われているのか、説明がありません。「あの戦争」という言い方は、この議長声明が絶対平和主義的（pacifistisch）にいかなる戦争もみな一様に否定したのではないとも受け取れます。しかしそれなら、「正当な戦争」（just war）が可能であるけれども、「あの戦争」は「正当な戦争」ではなかったという立場で書かれているのかというと、それもはっきりしません。理由を挙げて日本の戦争の不正義をきちんと指摘していないからです。教会と国家の関係についての議論もありません。文章全体が、神学的でなく情緒的です。日本基督教団の一般の牧師も信徒も、こうした問題に不慣れで、「教団戦責告白」に肯定的な大部分の人は、おそらくこの告白を絶対平和主義的（pacifistisch）な立場のものとして受け取っているのではないかと思われます。

第三に、「教団戦責告白」の根本には、「日本の戦争責任」そのものをどう考え、その中での日本の教会の位置をどう考えるかという大問題がありますが、この問題を未決着にしているという問題があります。

私の考えを短く述べますと、「あの戦争」は、その出発に一九三一年の満州事変や一九三七年の北京の盧《ろ》溝橋《こうきょう》事件があり、それらが示しているように、旧日本軍の一部指導者たちが最初に引き起こしたものです。ここで歴史の進行に区切りをつけず、明治維新以来の対欧米関係から来る必然的な帰結であるかのように、原因を拡大し、曖昧にすれば、およそ歴史的事件の責任を問うという発想自体が成り立たなくなるでしょう。そこで一部軍人に引きずられた戦争に対し、当時の内閣はそれを制止できず、引きずられるままに戦争を拡大したという政治家の責任が続きます。議会もまたこれを阻止できませんでした。新聞や知識人たちもこれに同調し、国民を戦争に駆り立てました。天皇には当然、特別な責任がありました。「統帥権の独立」という軍の体制からして、それは免れ難いと思われます。天皇の側近の者たちにもそれ相応の責任がありました。しかしその上で日本国民全体に責任があるとも言わなければならないでしょう。

宗教的なレベルで責任があるのは、何と言っても国家神道です。神道関係者は痛烈に責任を考えるべきです。それでは教会はどうかと言えば、日本の教会は、それまで圧倒的な異教的社会と天皇制の一種絶対主義的な支配のもとでマイノリティ・グループとしてかろうじて存在してきました。戦時下にも弾圧を受け、獄中に過ごしたキリスト者が何人もいました。この意味では、ヴィルヘルム帝政期からナチス時代にかけてのドイツ福音主義教会が負うべき責任とはまったく異なるものがあります。当時の日本基督教団としては、できれば「消極的抵抗」を貫くべきであったと思います。しかしその点を貫けず、「あの戦争」に時に「積極的同調」の姿勢を示したことは、そうせざるを得ない事情があったとしても、悔い改めるべきことです。その際、悔い改めの基本は何かと言うと「消極的抵抗」に終始できなかった面があるということですが、とりわけ「信仰告白的状況」において「信仰的真実を貫く」ことが十分にできなかったという問題ではないかと思われます。

しかしこうした問題を考える上で、「教団戦責告白」の文章内容は十分ではありませんし、適切なものでもありません。と言いますのは、「戦責告白」の文章内容自体が、一九六〇年代後半の時代状況や時代思想に影響されていて、「信仰告白的状況にあっての信仰的真実の表現」であったと思われないからです。つまり「戦責告白」という文章そのものが「信仰告白的姿勢」において弱体なのです。内容が情緒的ではあっても、決して神学的でないのはそのためです。もっともこのことは、教団紛争四〇年を経た今日でも同じです。日本基督教団は、ただ教憲・教規的、法的、政治的に秩序を回復することに終始していて、信仰告白的な神学的姿勢を確立する点で明確ではありません。これは日本基督教団の年来の課題と言わなければならないでしょう。

ところで「日本の戦争責任」の問題ですが、戦争犯罪に対する裁判は、アメリカ軍の占領下で「極東軍事裁判」(東京裁判)において行われました。しかし日本社会としてはこの問題は、決して解決したとは言えません。その理由は、日本社会は全体として、戦後、この問題を精神的にも思想的にも未処理のままにして、唯一経済復興主義で過ごしてきたためです。また、戦争責任や戦争犯罪について、日本的集団主義のために、ドイツのナチス支配の場合と異なって、責任の明確な所在を一定の範囲の人々に特定することが難しいという事情もあります。さらに根本にあるのは、日本人の「古いナショナリズム」の存続であり、アジア諸国に対する尊重の思いは長年不十分なままで、また法の支配、自由、人権、デモクラシーといった「普遍的な憲法的価値」による「普遍的正義」の感覚も弱体のままであったという事態があると思われます。

いずれにせよ日本社会は、戦争責任問題を自分たちの問題としては曖昧にしてきました。だからこそ、昭和天皇は天皇のまま残りましたし、かつての総理大臣小泉純一郎の「総理大臣としての靖国神社参拝」(靖国神社には戦争犯罪人が神として祭られている)とか、現総理大臣安倍晋三(講演当時、第一次政権)の「韓国従軍慰安婦」に対し「日本軍による強制」がなかったといった発言にもなるわけです。あの時代に軍の強制がなかったなどとどうして言えるのか、私は理解に苦しみます。日本軍の直接的関与でなく民間人を使ったとか、「従軍慰安婦」の強制的連行を日本軍としては、決定も、実行もしていないといったことでしょう。しかし旧日本軍の隠然たる支配のもとに民間人は動き、おそらくは軍人が直接に関与したケースも多々あったと推測されます。日本軍は正式決定などと無関係に、政府による決定もなしに、軍事的謀略を行い、南京を攻撃し(中国人三〇万人に及ぶ虐殺があったとは思えませんが)、宣戦布告もなしに、ということは戦争の理由も明かさず、日中戦争へと引きずり込んだのです。法の支配や正式決定に従って行動することをしないあの時代の日本軍を前にして、およそ自由があっただろうかと思います。一九三七年からの八年間、熱狂的な超国家主義（Ultranationalism）の支配下で、自由の空間はきわめて乏しく、教会は毎週の礼拝を私服警官に監視されながら捧げざるを得なかったと聞かされています。「宮城遥拝」を礼拝の前にしながらの礼拝だったのです。日本の戦争責任という問題は、日本のアジア諸国との関係に関しても、また日本自身の新しい国民性の形成のためにも重大な問題です。いまの日本政府がナショナリズムに再び強く傾斜していることを憂慮している人は多いと思います。こうした中で日本基督教団は、福音の信仰にしっかりと立って、教会として、またキリスト者としてのアイデンティティを堅固にして歩まなければなりません。

とりわけ重大なのは、神の救いの恵みに守られ、信仰的に誠実に生きること、信仰告白的状況にあって信仰的真実を貫くことです。そのためには、もっと神学的、もっと教理的に明確でなければならないでしょう。また世界の諸教会、とりわけ信仰のルーツを同じくするアジアの諸教会や欧米のプロテスタント諸教会との交わりに心を開かなければなりません。神学は、教会の本質構成的な神学として、また伝道を救済史の本質的な要素として積極的に理解する神学として、展開されるべきです。その上で教会の世界政策を構想しなければならないでしょう。「日本基督教団の戦争責任告白」という当時の教団議長の声明文は、それが何を果たしたかというよりも、不十分で果たしえなかったことを見極めることから、より多く学ばなければならないものです。以上で私の短い講演を終わります。

第7章　キリストにある生命の喜び

——キリスト教的生命観と出生前診断

はじめに

四国障がい者キリスト伝道会から講演をするよう依頼を受け、引き受けるのが伝道者としての義務であると思い、お引き受けいたしました。はじめは「障がい者伝道」に関する話をすべきと思っておりましたが、特に「出生前診断」の問題について組織神学的な立場から話して欲しいとの依頼でした。「障がい者伝道」についても、これまでは伝道者養成の教育課程の中で牧師になる門口に立った神学生に対し、この課題に携わってこられた先生方から語ってもらい、私自身は話す立場に立つことはありませんでした。また、「出生前診断」についても、何か特別な経験や研究をしたわけではありません。『キリスト教倫理学』（教文館、二〇〇九年）の中で「生命倫理」について触れましたが、「出生前診断」の問題については記しませんでした。どちらの問題についても特に熟達した立場から語ることはできません。ただ牧師・伝道者、そして神学する者としてどう考えているかをお話しさせていただきます。

順序として、はじめに「命」、特に「人間の命」とは何か、そして命を生きるとはどういうことか、キリスト教信仰の理解を少しお話しして、それから出生前診断の問題についてもお話しすることにしたいと思います。

1　キリスト教信仰による生命の理解

「命」とは何でしょうか。命（イノチ）という日本語の説明では、命の「イ」は、息で、「チ」はイカヅチ（雷）やオロチ（大蛇）のチで霊力を意味すると言われます。それで日本語の命は、自然物としての「息の力」という説明になります。「息」が「生きる」に通じ、命はその力であるという説明は、聖書の内容にも一脈通じるところがあるとも言えるでしょう。しかし、命はただ自然物であり、その勢いや力として理解されますと、それだけで命の特別な「尊厳」、尊さや厳かさについて深い意味で語ることはできないとも思われます。聖書の証言に従ったキリスト教信仰による理解では、生命は何よりも「神の賜物」です。人間の心身の生命は、人間自身の自作のものでなく、神からのもので、神によって創造され、神から与えられ、神から託されたものです。神はあらゆる被造物を創造され、ある被造物には命を与え、人間には人間の命、人命を与えられました。従ってキリスト教信仰の理解では、生命は、それ自体で神ではありません。神の被造物です。被造物に託されたものです。生命には、それを犯してはならない尊厳があり、生命はまた畏敬されるべきものです。その理由は、神が生命の創造者であり、賦与者であり、生命は神に根拠と理由を持っているからです。特に人間は「神の姿」に「似せて」創造されたと聖書は証言します（創一・二六―二七）。そこからとりわけ「人命の尊貴」が強調されることになりました。人間の命を殺すことは、神を傷つける行為になります。さらに人間は、神に似せて創造されたことによって被造物の間で特別な位置を与えられ、神に応答して地を治め、また神に応える被造物として神からの祝福を受けるとされています。そのように人間の生命には神的な理由があって、「神にかたどって造られた」ことが人間の生命を守るとされています（創九・六）。人命には神に根拠を持った尊厳が与えられているわけです。

こうしたキリスト教的な考え方は、「生への畏敬」を明白に語ったアルバート・シュヴァイツァーにも身近であったと思いますが、厳密に言うと実は相違があります。シュヴァイツァーは医師としてアフリカで医療に従事する以前は、「イエス伝研究」に優れた業績を残した神学者でした。しかしまた彼は文化哲学者でもあって、「生への畏敬」は彼の神学ではなく、文化哲学の中で発言されました。その文脈でシュヴァイツァーは命そのものがそれ自体で畏敬を呼ぶと考えました。命の創造者である神にその理由があるとは言いませんでした。そこからまた色々な困難が生じたように思われます。蚊を殺すにも「良心の疾《やま》しさ」を持つべきであり、食生活も良心の疾しさの中で営まれるべきこととなり、良心の疾しさが言わば制度化され、人間は自己糾弾のシステムの中で生きるほかなくなりました。このこともあって、シュヴァイツァーの思想は、普遍化する力を失ったのではないかと思われます。

今日では「生への畏敬」でなく、「権利の問題」として命を考える風潮が一般化しています。しかし命は、無前提に人間の権利として扱われる問題なのか、それとも神からの賜物として託された命があり、それを守り、それを生きる権利が与えられているという筋道で考えるべきなのか、そこに自ずと相違が生じます。命がまだ与えられていないのに「産む権利」があるとか、命がすでに与えられているのに「死ぬ権利」や「殺す権利」があるといった主張は軽々にできるものではないでしょう。

人間の生命の尊厳は、神の似姿に従った神による創造にまず重大な根拠があるというのが、聖書の語っていることです。そのうえで「神の姿」「神の形」は、イエス・キリストであると新約聖書は告げています。コロサイの信徒への手紙一章一五―一六節によりますと、「御子は、見えない神の姿であり、すべてのものが造られる前に生まれた方です。……万物は御子によって、御子のために造られました」とあります。また、キリストと共に御霊も創造に参与しています。従って、聖書に従いキリスト教信仰によりますと、人間の生命はキリストにあって、また御霊によって神に造られたのであり、三位一体の神による創造に重大な根拠を持っていると言わなければなりません。

2 生命の贖い

御子キリストが「神の姿」であるということは、人の命の創造はキリストにあっての創造ということですが、このことはまた神は命を創造されただけでなく、命を救済しておられるということでもあります。創造者なる神は、また救済者なる神であって、創造された命を主イエス・キリストにあって「罪や死や苦難」から贖い出してくださっています。つまり、神は命を、キリストにあり、御霊によって創造するとともに、それを神からの分離である罪という自己破壊や自己疎外から贖い出し、さらに完成してくださいます。「生命の創造」については比較的よく語られますが、「生命の贖い」(贖罪)については、あまり語られないかもしれません。しかし生命が罪によって生命の源である神から切り離され、生きる力が萎え、衰え、病むとき、「だれでもキリストにあるならば(キリストと結ばれる人はだれでも)、新しく創造された者なのです」(二コリ五・一七)と言われます。「キリストにある」(キリストと結ばれる)ということは、キリストの中に入れられ、特にその十字架の死の中に入れられることを意味します。それは主キリストの名による、あるいは父、子、聖霊の名による洗礼を受けてキリストの十字架の死に結ばれることを意味します。主の名による洗礼を受けて、キリストを着るとも表現されます。そのとき、私たちはキリストと共に死に、キリストと共に生きるものとされます。キリストの十字架の犠牲の死による贖いにあずかるわけです。そうすることで私たちの命は、罪や死や苦難に対するキリストの勝利にあずかり、キリストによる赦しとキリストの義を身にまとうことができます。生命はキリストの復活の生命にあずかるわけです。

創造の信仰による命の理解についてはよく聞きますが、贖罪の信仰による命の理解についてはあまり聞かないかもしれません。しかしキリストの十字架の死から命が注ぎ出たことはヨハネによる福音書が伝えている通りです（ヨハ一九・三四）。キリストによる贖罪は人間の生命を死と苦難の現実から神の憐れみの現実に移し、神の恵みの支配のもとに移しました。こうして「永遠の生命」がキリストの贖罪の中にその根拠を持ったのです。ですから神の創造による生命を理解するだけでなく、キリストにおける神の贖いによる生命を理解すべきでしょう。キリストの十字架の死から命が流れ出たというのは、主の十字架が新しい生命の源であることを意味します。創世記のエデンの園の物語によれば、人間が神に反抗しエデンの園から追い出されたのは、「命の木」から遠ざけられるためでした。しかしその命の木にキリストの贖いによって繋ぎ合わされたのです。

一九世紀のイギリスのキリスト教的な画家バーン＝ジョーンズは「生命の樹」というモザイク画によって十字架のキリストの贖いの死が命の源であることを描きました。両の手を大きく広げた十字架上のキリストが生命の樹として描かれています。その両手の下にアダムとエヴァが立っています。キリストの十字架の贖いの死が「生命の樹」であるというこの絵のメッセージは、聖書的な意味で正しいと言うべきでしょう。

ヨハネによる福音書は、「人は、新たに生まれなければ、神の国を見ることはできない」と言い、「水と霊とによって生まれなければ、神の国に入ることはできない」（三・三―五）と言いました。新たに生まれるとは、キリストの十字架の死と命にあずかることであって、つまりは洗礼を受けてキリストのものとされること、そして神の子として神の民に加えられること、そのようにして神の国に入れられることです。生命についてのキリスト教理解の中には、そのようにキリストの贖罪による生命の理解があります。ローマの信徒への手紙に次のように言われているのもこのことと関係します。「今や、キリスト・イエスに結ばれている者は、罪に定められることはありません。キリスト・イエスによって命をもたらす霊の法則が、罪と死との法則からあなたを解放したからです」（八・一―二）。人間はキリスト・イエスに結ばれることで、聖霊によって新しく生きる者とされます。生命はキリストの贖いによって聖霊を通して新しく創造され、人々はキリストの贖いゆえに命を肯定し、喜び、感謝します。キリストの贖いを受けたことは霊によって新しく生きる力になっています。

3　生命の完成

「命の創造」と「命の贖い」について聖書の証言を語りましたが、この関連の最後として「命の完成」についても語らなければならないでしょう。それはキリスト教的な終末の希望に属することです。私たちは神による命の創造にあずかり、キリストの十字架の犠牲による贖いの命に生かされています。しかしなお、私たちは生命の「呻き」の中にいます。すでに贖いの救いの中に生かされていますが、まだ「体の贖われることを、心の中でうめきながら待ち望んでいます」(ロマ八・二三)。キリストが復活して「初穂」となられたように、終わりのときには「キリストによってすべての人が生かされることになる」(一コリ一五・二二)と言われています。終わりのときの復活により、「最後の敵として死が滅ぼされ」、生命は完成されます。私たちの生命は、「朽ちないもの」に復活し、「輝かしいもの」「力強いもの」に復活します。「霊の体」に復活するとも言われます。このことを細部に至るまで具体的かつ詳細に把握することはできません。しかし創造され、贖われた命は、さらに完全な命に復活する、つまり生命は完成へともたらされるということは理解できるのではないでしょうか。「〔最後の〕ラッパが鳴ると、死者は復活して朽ちない者とされ、わたしたちは変えられます。この朽ちるべきものが朽ちないものを着、この死ぬべきものが死なないものを必ず着ることになります」（一コリ一五・五二―五三）と言われる通りです。いますでにキリストを身にまとうことを許されていることと聖霊を受けていることは、この約束に対する確信の根拠になるでしょう。私たちはキリストにあって、造られ、贖われ、そして完成する命を生かされ、生きているのです。このことを根拠にして、生命は愛され、喜ばれ、感謝され、そして希望のうちに生きられるのではないでしょうか。

4　いつも喜び、感謝する

フィリピの信徒への手紙の中に「主において常に喜びなさい」と言われ、「どんなことでも、思い煩うのはやめなさい」（四・四以下）と言われています。私たちの生命の問題も「主において常に喜び」のうちに受け止め、生きられるべきでしょう。そこには「何事につけ、感謝を込めて祈りと願いをささげ、求めているものを神に打ち明けなさい」ともあります。生命がいま苦難や痛みの中にあり、嘆きや呻きのなかにあるとしても、それにもかかわらず、主において常に喜び、思い煩いをやめ、感謝を込めて、神に打ち明ける祈りの中で生きるものに変えられています。繰り返して言いますが、神による創造のゆえに、キリストの贖いのゆえに、生命の完成を約束された神の真実のゆえに、生命は愛されるもの、喜ばれるもの、感謝するもの、そして希望のうちに生きられるものです。

人間の側からすると無理を冒した生殖医療があったり、新しい生命の誕生に際して人間の不道徳な行為があったりすることはあります。しかしその中で生命を創造し、託し、与えたのは神であり、神はその生命を贖い、完成します。神が与え、贖い、完成する生命の中で生きるに値しない生命はありません。キリストにあって喜んで生きられない生命はありません。このことは信仰によって受け入れ、冷静な頭脳で理解し、熱い心で応答すべき事柄であると思います。

「母体保護法」第一四条は「人工妊娠中絶」をきわめてゆるい条件で承認しています。中絶の許される妊娠期間を規定していませんから、法的には妊娠中であればいつでも中絶の処置ができるという考えではないかと思われます。ここに日本という国の宗教性とその生命観、日本的な宗教文化に基づく生命理解が表明されていると言うこともできるでしょう。これはキリスト教的生命観とは異なると言わなければならないでしょう。

5　身に一つのとげを帯びるとき

生まれながらの障がいを身に帯びた人をキリストが神の恵みの圏内に迎え入れ、神の国の力によって克服し、癒したことは、どの福音書の中にも証言されています。耳の聞こえない人、目の見えない人、歩けない人たちが、主イエスによって御国の到来の力の中に入れられ、神の「祝福」にあずかりました。神の祝福は生命の喜びに満ち溢れ、生きる力に溢れさせます。キリストのおられるところに神の国は到来し始めています。教会の中で祝われる聖餐は、主の十字架にあずかることによってすでに神の国の祝宴を味わい始めています。

障がいを身に受けた人生について、パウロは自分自身のケースとして語っています。それは彼自身が受けた啓示のすばらしさに「思い上がることのないようにと、わたしの身に一つのとげが与えられました」（二コリ一二・七）という記述です。「それは、思い上がらないように、わたしを痛めつけるために、サタンから送られた使いです」とも言われます。ガラテヤの信徒への手紙には「わたしの身には、あなたがたにとって試練ともなるようなことがあったのに、さげすんだり、忌み嫌ったりせず……神の使いであるかのように……受け入れてくれました」（四・一四）と書かれています。コリントの信徒への手紙とガラテヤの信徒への手紙が、同一の事態を語っているかどうかはなお不明です。「とげ」と言うのは、目の疾患と言われることもありますが、その内容は不明です。パウロは「この使いについて、離れ去らせてくださるように、わたしは三度主に願いました」（二コリ一二・八）と語っています。「三度」というのは、たった三回ではなく、何度も、繰り返し願ったということでしょう。すると主は「わたしの恵みはあなたに十分である。力は弱さの中でこそ十分に発揮されるのだ」（二コリ一二・九）と言われたとあります。「一つのとげ」を身に帯びたのは、恵みのないことではなく、また恵みが足りないことでもないと言うのです。その中でこそ恵みは十分に発揮されると言います。そうでなければ「主にあって常に喜ぶ」ことは不可能でしょう。「どんなことでも思い煩うのはやめなさい」と言うこともできないでしょう。パウロはまた「神を愛する者たち、つまり、御計画に従って召された者たちには、万事が益となるように共に働くということを、わたしたちは知っています」（ロマ八・二八）とも語っています。「万事」の中には当然、パウロ自身で言えば「身に受けた一つのとげ」も、「試練ともなるようなことも」含まれていたはずです。

「力は弱さの中でこそ十分に発揮される」ということは、キリストの福音にとって本質的であり、本質構成的なことであると言うべきでしょう。なぜなら、キリストの福音は、十字架の福音だからです。主の十字架の出来事を欠いて福音は成り立ちません。主イエスが十字架に死と苦痛を受け止められた中でこそ、神の恵みの力は十分に発揮されました。

6　出生前診断の問題性について

「出生前診断」について語るようにとの依頼を受けました。「出生前診断」は、キリスト教倫理の重大なテーマである「生命倫理」に関わります。「出生前診断」には広く言えば、胎児の育成の様子を超音波などで診断したり、性別を識別したりする方法として何十年も前から行われてきたものもあります。しかしいま問題になっているのは、さらに一歩踏み込んだ検査で、妊娠中の女性の血液を採取し、血清マーカー検査によって胎児から出た蛋白質の濃度を調べ、異常の可能性を知るものです。さらに異常の可能性がある場合には、流産の危険を冒して羊水検査を行い、羊水に含まれる胎児の染色体を調べて、染色体異常の確定診断をすることができると言われます。さらに昨年（二〇一三年）四月から行われた「新型出生前診断」では母体の血液に含まれる胎児のＤＮＡ検査を行うもので、それによって胎児の染色体異常の有無を判定すると言われます。こういった手段によって、「13トリソミー」「18トリソミー」「21トリソミー」（ダウン症）、など三つの染色体異常を確定的に知ることができると言われます。「トリソミー」（trisomy）は染色体が一本多く三本になっている状態を意味する用語で、その検査方法にはさらに胎児の細胞を直接採取する危険な検査もあると聞かされています。

二〇一四年六月二八日の朝日新聞デジタルは、「新型出生前診断」を実施した病院グループが前日二七日に行った発表の内容を伝えています。それによりますと、「新型出生前診断」を導入して一年が経過し、診断を実施した人が七七四〇人、そのうち陽性（染色体異常の可能性あり）と判定された人が一四二人（一・八パーセント）で、その中の一一三人が羊水検査によって異常が確定的に判明したそうです。この一一三人のうち一一〇人が人口妊娠中絶したと発表されました。羊水検査を受けずに中絶した人は三人だったそうです。日本の法律では、「母体保護法」の一四条に妊娠中絶が認められる法的条件が記されていますが、そこには「胎児の染色体異常」は含まれていません。法的には犯罪になるのかならないのかグレーゾーンの状態です。しかし「障がい児を産み一生育てる立場に置かれた女性（夫婦）の中絶を選択する権利」を尊重する立場が一般ではないかと思われます。日本では従来、人としての生命を出生以後はじめて認める考え方の習慣があって、中絶についてルーズであると言われてきました。しかし中絶が母性の心身を深く傷つけてきことには疑いがありません。聖書の見方では人間の生命が母の胎内からすでに開始されていることは明らかです（ヨブ三一・一五、詩一三九・一三、イザ四二・二、ルカ一・一五、四四）。今日では日本社会の生命観においてもこの生命の開始の理解は、一般化してきていると言ってよいでしょう。それだけに、「中絶を選択する権利」という言葉には深刻な問題が生じます。「権利」というのは「正しさ」を意味しますから、胎児を殺すことにどういう正しさがあるのか、当然問われなければならないでしょう。

イギリスとフランスでは、胎児の染色体異常による中絶を合法化しているそうです。両国での中絶の比率は、昨年の日本より数パーセント低い程度で、大差はないようです。むしろ障がいを身に帯びて生まれる子に対する社会の手当、それにかけている予算は、イギリスやフランスでは日本の三倍と言われ、日本の場合、社会的な支援体制の充実が一層期待される状態にあると思われます。

この問題についてキリスト教信仰の姿勢はどうか、考えてみなければならないでしょう。障がいを負って生まれてくる可能性が大きい、いやほぼ確定的と言われる子供の重い現実があり、その子を守り、共に生きる親の、言葉に言い表すことのできない難しい現実があります。それを受け止めて生きるには、よほどしっかりとした意志の決意と、それを支える家族の協力が必要です。しかしその決意は、どの人間の生命も、神のものであり、生命の主は神であって私たちが勝手に処理できるものではないということ、神こそがその創造において、また贖いにおいて、完成の約束において、生命の主であることを厳粛に受け取らなければならないでしょう。そこから、与えられ、託された生命、生きようとする生命を守るのでなければならないでしょう。生命は神が与え、神が託すものです。その子を母と父に託し、子にその母と父を与えます。親が子を選ぶと言うなら、子によって親は選ばれているとも言うべきでしょう。しかし誰よりも先に神が選んでくださったと言うべきであり、そう言うことができます。中絶の処置をした母や夫婦を責めるつもりはありません。しかし染色体異常が確定的と言われても、共に生きる決意をする母や夫婦のために祈り、何とかして支えたいと思います。人間は誰も楽に生きればよいものではなく、自己利益を第一にして生きればよいものでもないでしょう。自己利益を第一に生きれば、結果として自己を深く傷つけることにもなります。何が真実に自己利益かは、信仰なしには不明であると言わなければならないでしょう。「自分の命を救いたいと思う者は、それを失うが、わたしのため、また福音のために命を失う者は、それを救うのである」（マコ八・三五、マタ一六・二五）という主イエスの御言葉は、まさに真実を語っていると思われます。障がいを身に帯びて出生する子と一緒に生きていく中で幸せに過ごす可能性は、信仰の歩みの中で大きく開かれていると確信したいと思います。

その方向に向けて、当然、社会の支援体制が組まれなければならないでしょう。生きようとする生命、それを守ろうとする人々を、孤独で困難な状態に放置してはならないでしょう。生まれてくる生命を喜び、感謝の中に共に生きる意志が社会的になくてはならず、それが社会自体のためにも必要です。生命は喜びを持って迎えられ、悲しみのうちに看取られるべきものです。生命に対して歓迎的な人間と社会であることは、その人、その社会自体にとって不可欠な条件です。そうでなく、生命に冷淡な社会になれば、それは「ネクロフィラス（死を愛好する）な社会」ということであって、ネクロフィラスな人間が他者を傷つけるだけでなく、同時に自己破壊に至ると同様に、「ネクロフィラスな社会」は自滅する社会になるほかないと思われます。

生命の主は、憐れみの神であり、創造者であり、贖いの主、そして生命を完成へともたらす神です。私たちはその神から生命を与えられ、生命を託されています。人間にどういう権利があるか、またないかは、神との関係において、また神が与え託す命との関係ではっきりしています。胎児を殺すことのできる権利は誰一人もっていません。高齢で動けない人を殺す権利を誰一人もっていないのと同様です。人を殺すことを正しいとする人間や社会の生き方は、根本的に不道徳であって、その混乱の上に築かれた人生や社会を正常に貫くことは人間にはできないでしょう。

教会生活を見ますと、多くの教会においてダウン症をはじめ、いろいろな重荷を負った方やその家族との交わりが多少とも与えられています。そうした交わりは、キリストにある神の恵みの交わりです。さりげない声援と明確な協力姿勢があるのが、キリストにあって生命を喜ぶキリスト教会のあり方でしょう。教会は、もちろん親の願いを受けてですが、「嬰児洗礼」をもって嬰児を受け入れるべきです。困難を身に帯びて生まれた嬰児を、洗礼をもってキリストの中に迎え入れ、生きようとするその命を喜び、親を支え、医療関係者を励ますべきです。

以上のことは「出生前診断」そのものを否定したわけではありません。「新型出生前診断」についても否定しません。新しい命の誕生は、親としての人間に新しい命に真剣に向き合うことを求めます。その準備はすでに出生前から、胎内に命が宿ったときから開始されます。託された命に真剣に向き合い、責任を持ってそれを引き受けるとき、その人が親となり、子と共に生きる深い喜びが湧いてきます。その人は新しい命を育てることで、神の御業に用いられるのです。

第8章　宗教心と心の教育

「心の教育」という教育課題のあることが、かなり以前から指摘されてきました。かつては「期待される人間像」が提示された時代がありましたが、その後「道徳教育」の必要性が叫ばれてきました。しかし道徳教育は、道徳的な徳や価値の源泉としての宗教的領域に触れるため、国・公立学校の教育では手の出しにくい分野であり、踏み込んだ教育方針を打ち出し難い領域でもあります。それが近年、いよいよ無視できない問題として社会問題化して、政治の責任としても取り上げなければならない問題とされ、歴代の内閣が教育問題を政治課題として掲げるようにもなってきました。それが「心の教育」という仕方で取り上げられ、さらにその観点から一部では「宗教心」の教育にまで踏み込もうとする傾向が見られる場合も起きるようになりました。こうした問題をめぐっては、本来、国・公立学校でなく、まさに私立学校の課題であり、私立学校としてのキリスト教学校にも出番があると言ってよいと思われます。しかし「心の教育」が文部科学省の指導ラインによって打ち出されますと、当然、教育の手法も内容も自由を制約される趣

郵便はがき

料金受取人払郵便

銀座局
承認

4765

差出有効期間
平成28年10月
31日まで

104-8790

628

東京都中央区銀座4－5－1

教文館出版部 行

◉裏面にご住所・ご氏名等ご記入の上ご投函いただければ、キリスト教書関連書籍等のご案内をさしあげます。なお、お預かりした個人情報は共同事業者である「(財)キリスト教文書センター」と共同で管理いたします。

●今回お買い上げいただいた本の書名をご記入下さい。

書名

●この本を何でお知りになりましたか

1．新聞広告（　　　）　2．雑誌広告（　　　）　3．書　評（　　　）
4．書店で見て　5．友人にすすめられて　6．その他

●ご購読ありがとうございます。
本書についてのご意見、ご感想、その他をお聞かせ下さい。
図書目録ご入用の場合はご請求下さい（要　不要）

教文館発行図書　購読申込書

下記の図書の購入を申し込みます

書　　　　　名	定価（税込）	申込部数
		部
		部
		部
		部
		部

●ご注文はなるべく書店をご指定下さい。必要事項をご記入のうえ、ご投函下さい。
●お近くに書店のない場合は小社指定の書店へお客様を紹介するか、小社から直送いたします。
●ハガキのこの面はそのまま取次・書店様への注文書として使用させていただきます。
●DM、Eメール等でのご案内を望まれない方は、右の四角にチェックを入れて下さい。 □

ご氏名　　　　歳	ご職業

（〒　　　　　）
ご住所

電　話
●書店よりの連絡のため忘れず記載して下さい。

メールアドレス
（新刊のご案内をさしあげます）

書店様へお願い　上記のお客様のご注文によるものです。
着荷次第お客様宛にご連絡下さいますようお願いします。

ご指定書店名	取次・番線
住　所	
	（ここは小社で記入します）

きを持ち出し、反発も起こらざるを得なくなります。「宗教心と心の教育」について、国・公立学校での扱いの難しさと、私立学校としてのキリスト教学校での可能性について考えてみたいと思います。

1　心の教育とその背景

現代の社会において「心の教育」が教育課題として重視されてきた背景には、それなりの事情があって、それにはほぼ共通の理解があると言ってよいでしょう。第一に、現在の教育では「命」を尊重する心が希薄になっている現実があります。これには技術社会が一般に陥っている自然との生命的な関係の欠如があり、技術そのものが非生命的な機能によって社会に影響を与えるため、技術文明・技術社会の根本に「命」の問題があると言わなければならないでしょう。これは現代の文明と社会が、それ自体として根本的な次元から反省的に取り組むべき問題を抱えていることを意味するでしょう。ここではそうした根本問題があるという事実を指摘するに止めますが、二一世紀の技術社会は絶えずその中から「ネクロフィラスな衝動」（死への愛好の衝動）を優勢に持った人間を生み出す危険にあることに注意を払う必要があると思われます。生命を育てるより、殺傷する方に興奮を覚える人間が繰り返し出現する危険な状態が、技術文明の深みに根差して発生するということです。第二に、現在の教育では「他者への思いやり」、広く言えば「社会性」が不足していると指摘されます。これもまた共同体とその生活の崩壊といった大きな社会変動の問題が背景にあります。旧来の共同体が崩壊し、それに伴って従来型のモラルや公衆道徳の規範力が希薄化してきました。時代は「規範喪失社会」（アノミマス・ソサイエティ）の傾向を強めています。第三に、「心の教育」の必要性の背景には「いじめ」が多発するという社会問題もあります。これは社会変動だけでは片付かない、人間そのものの根源的な罪の問題と関係し、それに民族性や国民性も関連していると言わなければならないでしょう。いずれにしても、初等教育や中等教育の課題の中に、いかにして児童生徒に「他者への思いやり」「他者尊重の感覚」を育むことができるかという課題があるわけです。第四には「引きこもり」や「自殺」の問題など「病める魂」の問題が、近年、著しく増加したように思われます。これもまた単に児童生徒の問題であるだけでなく、背景には家庭崩壊が多発する状況があり、人間関係の希薄化という現象があり、さらには依然として日本社会には「脅迫的な競争主義」による圧迫もあって、毎年三万人前後の自殺者が出るといった巨大な社会問題があると言わなければならないでしょう。「心の教育」が課題としていることは、以上のように、生命の尊重、他者への配慮、社会性と道徳、心の病といった諸問題とどう取り組むかという課題であるわけです。

こうした問題に対して、いまや国を挙げて取り組まなければならないと言われてきました。しかし国の政策が果たしてどこまでこれらの問題と取り組めるのか、それは決して容易なことではないでしょう。行政はただなし得ることに限定して行うほかはなく、当然のことながらきわめて狭い範囲内のことしか行うことはできないでしょう。教育の指針としても、例えば「ボランティア活動」や、「社会奉仕体験活動」、「自然体験活動」など「体験活動を行うことが重要」といった程度の方針が打ち出され、地方公共団体にその推進のための体制や活動拠点を整備するよう求めるといったことが精々のように思われます。

一部にはこの関連で「宗教心」を涵養する必要があると語られ、「宗教心」の教育を推進するところまで踏み込むべきではないかという問題意識があるようです。「他者への思いやり」や「社会性」の問題はともかくとして、「命の尊さ」や「心の病」を問題にしたら、とても体験活動や社会奉仕活動などで済ませられる問題ではなく、通常の道徳教育の次元を越える問題にもなるでしょう。根本には「人間の宗教性」の問題があり、「宗教心」や「宗教生活」に関係していかざるを得ない問題の深みに踏み入ることになると思われます。

しかし「教育勅語」に代表されたように、日本はかつて、国・公立教育機関による道徳教育や、儒教と民族主義、それに神道の混合した疑似宗教的な価値教育によって失敗した国です。その反省から、「憲法」とそれに基づく「教育基本法」とでは、国・公立教育における宗教教育を禁じてきました。従って憲法と教育基本法のもとで、これらの諸問題にどこまで対処すべきか、またできるのかが、工夫のしどころになります。

「心の教育」は、当然、価値観の教育に及び、さらには宗教教育に立ち至らざるを得ず、そうでなければ隔靴掻痒の教育に止まるほかはないでしょう。価値観や宗教的世界観の教育となれば、「憲法」と「教育基本法」のもとで何と言っても、国にも地方自治体にも拠らない第三の教育機関である私立学校と、それぞれの家庭に期待すべきところが大きくなります。家庭をどう支え、家庭による教育をどう維持するか、そのためにどう基盤の再建ができるかということが問われるはずです。私立学校について言えば、キリスト教学校は特に自己の教育使命として心の教育が課題としている問題を自覚しているはずです。

そこで「心の教育」が人間の「宗教性」の次元とどう関係するかを問いたいと思います。人間には本質的に「宗教性」の次元があるのではないかというのが、その問いです。その上で次に「宗教心」の問題について考えてみたいと思います。「宗教性」が人間に不可欠的であることと、「宗教心」とはどう関係しているのでしょうか。そして「宗教心」を教育するとなったら、それはどういう問題を持つのでしょうか。

2　心の健やかさと宗教性の問題

「心の教育」とは何でしょうか。問題として意識されているのは、すでに述べたように自・他の生命尊重であり、また社会関係と自然関係における心の健やかさです。しかし厳密にはそれだけではないでしょう。人間の自己関係には自己形成における過去との関係もあり、未来との関係もあります。その中で「人格」として育成されることが重要です。社会関係には身近な人間関係があるだけでなく、遠くの社会関係もあり、グローバルな関係もあります。「人格」としての人間は、「自立的」であるとともに、その自立は相互に分断された個的自立ではなく、「関係的な自立」であるはずです。他者に対して非依存的でありながら、しかし他者に協力的に開かれている人間が求められます。人間は「関係における自立的人格」として教育される必要があるでしょう。この見方からしますと、「人格主義」とは即ち「個人主義」、あるいは「個人主義的な人格」といった見方は当たりません。それは一種の自己矛盾の表現になるでしょう。「人格」は、本来、「他者との関係を構成的な本質とした自立的存在」という深みを持った人間存在を意味するからです。

人格はどんなに制限のある仕方であれ、「自由な存在」です。拘束され、抑圧されていることは非人格的なことと言わなければならないでしょう。自由でない人格というのは、矛盾の表現です。人格は、その自由によって自己の限界を越え出て、自己の外と交流します。この他者との交流こそ人格的です。自己の限界を越えていくことのできる人格だからこそ、他者との関係を結ぶことができます。この意味では、人格にとって自己愛的に自己に閉じこもることは、かえって自己破壊的になると言わなければならないでしょう。しかし、それでは自己の限界を越えていけば、常に人格的かというと、かならずしもそうではありません。限界を越えることによって自己破壊になる場合もあるからです。自己を捧げる外の対象が、過激な民族主義などによって歪曲されている場合、あるいは忠誠の対象が、人格の関係的自立を抑圧し破壊する場合、その対象への陶酔的な献身は自己破壊や他者破壊をもたらします。第二次世界大戦時の日本精神の状態はそうしたものであったことを忘れるべきではないでしょう。かつて日本は、自己を越えたものへの陶酔的な献身によって自己と他者の破壊をもたらしました。同様の破壊は、宗教的、あるいは民族主義的な原理主義によっても繰り返されます。自己を越えたものとの関わりが、自・他の破壊をもたらすか、それとも自・他の尊重に導くか、それは献身の対象である「自己を越えたものの質」によると言わなければならないでしょう。献身の対象の不適切さによって、かつて自己と他者の破壊に陥ったことに一度懲りると、今度はその反動として、往々に自己の限界内に充足的に止まろうとする傾向に陥ることにもなります。戦後の日本人は、戦前・戦中の自己滅却的な国家的陶酔に懲りて、自己充足的な経済第一主義に閉じこもりました。しかしそのいずれも「健やかな人格」を展開したと言うことはできないでしょう。健やかな人格は、自己の限界を越えてその外との関係の中に自立の拠点を見出すものです。その意味で人間の健やかさの構造には、「エクセントリック」(自己の中心を自己の外に持つ)な性格があると、言うこともできるでしょう。

そのとき人間は、自己関係、他者関係、社会関係、そして自然関係においても、自己の内部での誤った充足も、自己の限界を超え出ることによる自己破壊をも回避し得る、「自由な献身を支える実在」を必要としています。自己を越えた献身の対象であって、しかもそれとの関係の中に自立の拠点が与えられるような「より偉大な人格的実在」、「すべてを越えて規定する人格的実在」を必要としており、その支持や「守り」(Geborgenheit)を基盤として、その実在への信頼のうちに自由な人格、有限な自由にある人格の自己意識が成立します。人間の心は「すべてを越えて規定する人格的実在」との直面の中で、それへの信頼の中で、関係的自立の拠点を得ることができるし、そうする必要があるでしょう。そうでなければ人間は自足的に閉じこもるか、あるいは虚無の中で自立しようと試みる自己肥大的な超人の無理を自らに強いることになるでしょう。いずれの自己意識も「心の病」を引き起こす状況に接近すると思われます。

今、文明はトランケイティッド(truncated)な文明、円錐の先端を切り取られ、超越と結び合う「精神の自由」の切っ先を失った状態にいると言われます。世俗主義は、文明の切っ先喪失であり、超越的な意味との接点を失い、真に自由な冒険への支持を失っています。人間はもう何世紀も、神を忘却し、真実の祈りを失ってきました。祈りなき人間として偽りの自足か、あるいは祈りを拒絶した空虚な超人として非現実性の中で自己を破壊する状態です。自由な人格の健やかさは、超越的な人格的実在による支持的基盤を信頼する中で成立すると理解すべきでしょう。このことは人間存在の本質的な構成として「宗教性」を示していると言うことができると思います。心はより偉大な人格的実在への信頼の座であり、自・他の関係の座でもあります。心は本質的に「宗教性の構造」を持っていると言ってよいのではないでしょうか。

この「宗教性」は人間学的な現実を指しています。人間の本質には「宗教性」があるということは、人間理解の問題ですが、それはまた同時に実在理解の問題でもあります。宗教性を本質構成的と認識する人間理解が重要であり、同時にそれを支える実在の理解が重大です。この実在理解について言えば、実証主義的な実在観や感覚主義的な実在観の貧しさを越えていかなければならないでしょう。ただ感覚的な対象のみが実在するというのでは、やせ細った実在観でしかありません。それではあらゆるものの意味とその意味の実在的基盤は欠如し、すべて存在するものの無意味を暗に意味することになります。実在的な支持のない「意味」は、結局、人間の恣意的な主張や決断にすぎなくなります。実証主義的あるいは感覚主義的な実在観は、結局のところニヒリズムを隠しているということになるでしょう。ただ人間の意志的決断によってあるものを意味ありとする能動的ニヒリズムにもなりかねません。それに対して、意味を支える実在を承認し、その認識の可能性を確信できる実在理解が必要ではないでしょうか。

3 宗教性と宗教心の相違

以上語ったことは、人間が人間として本質的に保持している構造として「宗教性」があるという主張です。人間の存在論的な構造の議論としてそれを認識すべきと思われます。しかしこの議論では、まだどの特定の宗教も想定されているわけではありません。同様にまた人間の宗教性に対応し、自由や人格の支持的基盤としての「すべてを越えて規定する人格的実在」も、まだ固有の宗教的な名をもってはいません。人間学として語ったのであって、宗教として、あるいはキリスト教神学として語ったわけではありません。

その意味で人間の「宗教性」は、いわゆる「宗教心」とは区別されます。「宗教心」の方は、誰の宗教心の場合も具体的な宗教によって規定された心の状態であるからです。宗教心は、他の要素、つまり民族や時代や文明によっても規定される面がないわけではないでしょうが、しかしより強力に特定の宗教とその内容によって規定されます。「宗教心」は、人間の宗教性の主観的側面における具現化ですが、人間の存在論的構造としての「宗教性」と宗教の主観的具現化としての「宗教心」とは区別されなければならないでしょう。宗教性は、さまざまな宗教心のあり様をもって具現化されますが、場合によってはいかなる宗教の宗教心にもならない場合もないわけではありません。宗教性は人間学的事態ですが、宗教心は個々の宗教そのものの問題であり、宗教学や神学の認識対象です。キリスト教神学は、これを「信仰」と言い表し、あるいは「敬虔」と呼びます。さらに厳密に言えば、「主体的信仰」あるいは「それによって信じられる信仰」(fides qua creditur) と表現します。言いかえれば、「宗教心」とは「信仰者の信仰」であり、「信仰の主観的側面」です。具体的に存在する民族宗教にも、歴史的宗教いわゆる積極宗教にも、それぞれにこの意味での信仰者の信仰、宗教心があります。

「主体的信仰」「それによって信じられる信仰」(fides qua creditur) と区別されるのは、「客観的信仰」「信じられている信仰」(fides quae creditur) です。これは神の啓示やその証言によって示された、客観的な信仰内容を意味します。信仰告白と結びつけて表現すると、信仰告白に言い表されている「内容」は、信じられている信仰内容であり、信仰を告白する信仰、心に信じ、口で言い表す信仰は「信仰者の主体的信仰」です。この主体的な信仰は、信仰の内容、つまり言い現わされる客観的な信仰内容と決して無関係ではありません。むしろそれと深く関係し、それによって影響されます。主体的な信仰がどのようであるかという問題は、その信仰によって信じられている対象や内容によって規定される面があるわけです。つまり「宗教心」は個々の具体的な宗教によって規定されます。キリスト教信仰で言うと、主体的にどう信じるかは、何を信じるかによって規定され、「宗教心」は信仰内容によって規定されます。宗教心を規定する要因には、すでに言及したように、民族的、文化的、社会的、時代的なものもあるでしょう。しかし宗教心そのものにとってもっとも規定的な力が働くのは、その宗教心をもって信じられる信仰内容そのものからでしょう。それがまた願わしいことでもあります。

このことは一般的に言えば宗教における「宗教心」と「信仰内容」の相互関係や相互規定ということになります。キリスト教信仰と神学の観点から言うと、「聖霊」や「現在的キリスト」の働き、「御言葉」や「聖礼典」や「祈り」によって相互関係が遂行されます。これについては後にもう一度言及したいと思います。「宗教心」と「信仰内容」の相互関係は、キリスト教信仰と神学においては欠くことのできない本質的な事柄であるわけです。

このことは具体的な宗教と区別して「宗教心」を語ることはできないという結論をもたらすでしょう。特にキリスト教においては「宗教心」と「信仰内容」を切り離すことはできません。これを切り離したのでは、キリスト教信仰がその本質的内容との結びつきを欠如することになります。従って、当然、「宗教心」を具体的な諸宗教と区別して、国・公立の教育機関における教育課題とすることは不可能なことと言わなければなりません。「宗教心」を教えることはすでに特定の「宗教」そのものを教えることにほかならないからです。

4　一つの事例としての内村鑑三における「日本的基督教」

「宗教心」が具体的な宗教によって規定されるということは、「宗教心」はそれぞれ特定の宗教そのものに属するということです。これについて内村鑑三の「日本的基督教」の主張には問題があったことを指摘しておきたいと思います。内村鑑三はしばしば「日本的基督教」について語りました。彼はその際、後に出現した戦時中の「みくに運動」のようにキリスト教を換骨奪胎させた意味での、日本化されたキリスト教を主張したわけではありませんでした。そうでなく、彼のキリスト教の主張はいわゆる「純福音」のキリスト教であって、「基督教を変えて日本人の宗教と化した者ではない」（『聖書之研究』二九一号、大正一三年）と明言しています。つまり内村の場合、「信じられている信仰」（fides quae creditur）は「純福音」であって、少しも日本的ではないのです。しかし彼は「日本人が真実に基督教を信ずれば日本的基督教が起こるのが当然である。其の起こらざるは未だ確実に日本人の心の中に植付からない何よりも確かな証拠である」と言いました。それで「純福音」を「神が我等に賜ひし特殊の国民性を以て……解釈し闡明する」と主張しました。信仰内容は「純福音」ですが、それを信じる主体的信仰は日本の特殊な国民性をもってするというわけです。Fides quae creditur は「純粋な福音」であり、他方 fides qua creditur は日本の国民性、ないしは国民性による信仰というわけです。

大正四年の文章「我が信仰の祖先」(『聖書之研究』一八二号)において、内村は次のように語っています。「日本にも大いなる信仰家があった、法然の如き親鸞の如き正さに其人であった、彼等が仏教徒であったのは、彼等の時代に仏教を除いて他に宗教がなかった故である、……信仰の何たるかを知りしことに於いて彼等は現今の欧米の基督信者よりも遥かに深くあった、彼等が弥陀に頼りし心は、以て基督者がキリストに頼るべき模範となすことが出来る」。こうして日本人の宗教心をもって純福音としてのキリスト教を信じるという「日本的基督教」の生き方が語られたわけです。しかしこの場合、日本人の宗教心が「特殊なる国民性」によって規定されていると見ていますが、内村はそれを宗教(仏教、あるいは他の宗教)から規定されている面をほとんど見ていません。現実には「主体的信仰」はそれが信じる信仰内容から切り離されることはできず、むしろそれによって共に規定されます。法然や親鸞の信仰は、日本人の国民性にも根差していたでしょうが、それが信じた阿弥陀教的仏教によって規定されていました。キリスト教の主体的信仰は、客観的信仰内容であるイエス・キリストにより、また聖霊により、三位一体の神とその御業によって規定されます。キリストの十字架の贖罪によって規定されます。宗教心は具体的な宗教に属するのです。

内村鑑三が前提にした信仰の国民性的基盤にも疑問があります。彼が語ったように、宗教心が国民性によるという側面もあるでしょうが、しかし同時に国民性が宗教心によって規定される面もあるはずだからです。宗教心は、それと相互関係にある国民性から規定を受けるとともに、それが向けられる宗教自体から規定されて、国民性を変える面もあると思われます。「宗教心」と「国民性」との相互作用を通して、ある宗教が国民性形成に影響を与えると言い得るでしょう。しかしいずれにせよ「宗教心」は宗教に属するという事実を否定することはできないでしょう。仏教の宗教心と神道の宗教心とは異なるものがあります。キリスト教の宗教心も異なります。「日本人の宗教心」について語ろうとすると、そうした相違が混在している状態の中からどれだけのことが言い得るか、国民性において変わらない宗教心をどういう意味で指摘できるのか、またその教育が今日の問題、命の尊さや他者への思いやり、社会性や自立的・関係的人格形成にどれだけ基盤的に資するのか、根本的な問題があると言わなければならないでしょう。

5　国・公立学校では「宗教心教育」は不可能

「宗教心」がすでに特定宗教に所属するとすれば、これを特定の宗教から中性的なものとして切り離せると考え、国・公立学校の教育課題にすることは不可能なことになります。それは、「神道的な宗教心」の教育や「儒教的な宗教心」の教育によって失敗を犯してきた日本の国柄から言って、また国家神道的な皇国主義の誤りの反省から「国教」を廃止し、「教会と国家の分離」（国家と特定宗教との分離）の憲法規定に転じた歴史的経験からして、不可能なことと言わなければなりません。むしろ宗教心については国・公立学校の「教科」としては「空白に」止めて、そのうえで生命の尊さ、他者への思いやり、関係的・自立的な人格形成の基盤としての人間の本質の宗教性とその意義を語るに止めざるを得ないでしょう。

具体的な諸宗教の内容を外面的な知識として、社会的な常識として、ある程度教えることはできるでしょう。しかし宗教心と宗教についての価値的判断を伴った教育は、それぞれの家庭や親に委ねるべきです。それぞれの家庭における、また各自の責任における宗教心の涵養を推奨するに止まらなければならないでしょう。家族は、生と死を受け止めなければならない共同体ですから、それはまた当然宗教的な共同体であるでしょう。国や地方自治体としては、ただ否定の形において、つまり人権否定の宗教や、生命を虐待し、自由を剝奪し、反民主主義へと導く宗教に対して教育的に警戒することは、憲法に適った姿勢として表明することができます。しかし「無宗教の権利」も否定してはならないでしょう。しかし国・公立学校なら当然、無宗教を推奨すべきかと言えば、それは違います。家庭や自由な社会における闊達な宗教活動、それも憲法的価値を支えることに反しない宗教活動に期待する姿勢であるべきです。そしてこの重大な教育課題を親や家族、そして現実の諸宗教や私立学校に期待すべきです。

6　キリスト教学校の「心の教育」

キリスト教学校は「聖書」の証言に耳を傾け、「祈る」学校です。それはまた聖書の証言を教え、祈りを教える学校です。それによってキリスト教学校は、信仰を伝え教えることで、実際に「心の教育」を行っています。それだけを行うわけにはいかないとしても、それを行わなければ、キリスト教学校とは言い得ないでしょう。キリスト教的宗教心を教え、推奨する学校であることを、本人と保護者に理解してもらう必要があります。

キリスト教の「宗教心」は信仰内容である三位一体の神と切り離せないものです。「アッバ、父よ」の祈りをもって御子が御父との間にもっている霊による交わりにあずかる信仰生活が、キリスト教的宗教心です。「神の霊があなたがたの内にやどっているかぎり、あなたがたは、肉でなく霊の支配下にいます」（ロマ八・九）と言われます。「キリストを死者の中から復活させた方は、あなたがたの内に宿っているその霊によって、あなたがたの死ぬはずの体をも生かしてくださるでしょう」（ロマ八・一一）とも言われます。聖霊は信仰の対象であり、内容であると共に、主体的な信仰のうちに宿り、生かす力です。さらには信仰の対象である主イエス・キリストについても聖書はこう語ります。「どうか、御父が、その豊かな栄光に従い、その霊により、力をもってあなたがたの内なる人を強めて、信仰によってあなたがたの心の内にキリストを住まわせ、あなたがたを愛に根ざし、愛にしっかりと立つ者としてくださるように」（エフェ三・一六―一七）。

キリスト教の宗教心は、神信頼の宗教心であり、神が共にいてくださるインマヌエルの宗教心です。それはさらに言えば、神が私たちの内なる人を強め、聖霊とキリストを内住させ、キリストのものとし、またキリストと同じ形にしてくださるという宗教心です。聖霊による宗教心、三位一体の神の交わりにあずかる宗教心がキリスト教的宗教心です。このことが、私たちの「内なる人を強める」と言われているように、真実の心の教育であり、生きる力になると共に、神関係と他者関係、さらには自然関係における愛に生きる力になります。心は愛をもって他者関係を生きる人間主体の場です。また、キリスト者の心の健やかさは、病と無関係な健やかさではありません。キリストと御霊の内住により、神信頼の確かさのうちに病を引き受けて生きる健やかさです。その逞しさは、自らの力の逞しさではなく、恵みによって自分の弱さを受け入れて生きる逞しさです。生命の尊重、他者への配慮、社会性、魂の健やかさと逞しさ、そうしたものを教育の課題として受け止めるならば、キリストにある神の福音を伝え、キリストと聖霊のいる心へと導き、三位一体の神との交わりにあずかる信仰を伝えるキリスト教学校本来の使命に立ち返る必要があります。「心の教育」は「信仰」を伝えることを核心に持った教育でなければならないでしょう。

現代の日本社会が、また世界が「魂の危機」に直面している現実を認識すれば一層のこと、キリストの福音を伝える使命に生き、教会の礼拝へと児童生徒を導き、洗礼へと励ます教育をしなければならないでしょう。そしてさらには、伝道のために献身し、心の教育に仕える人を生み出す教育もしなければならないでしょう。

第9章　キリスト教学校の使命

――震災と試練の時代にあって

キリスト教大学でそれぞれ専門の学科を担当しておられる先生方に、「キリスト教学校の使命」について話す機会を与えられ、感謝申し上げます。今日のような震災と試練の時代で、また、あらゆる既成の諸規範が権威を喪失して無規範的な社会の中で道徳が不安定になっている時代、敢えて言いますと一般に倫理崩壊が起きつつある時代に「キリスト教信仰に支えを見出す大学とその教育」にどのような意味があるのか、お話しできれば幸いと思っております。また、キリスト教学校、特に大学は、教育の責任があるだけでなく、学問科学の研究上の責任があり、文化形成や社会形成のために確かな学識と思想を構築するうえで責任があります。その文脈で「キリスト教信仰の真理認識」にどのような意味があるかについてもお話したいと思います。現代は宗教文化史的に複雑化した時代にあり、一方では技術開発が世俗主義的な仕方でラディカルに進みながら、他方ではイスラム社会の問題やイデオロギー的に閉鎖的な国家や社会も存続しており、文明の衝突現象も見られます。多神教の理解や宗教的寛容の問題をめぐって決して宗教的理解力が成熟しているとは言えない日本社会、日本の学術社会の中にあっても、キリスト教大学の使命や存在意味は決して小さくないと思われます。しかし現実には、その使命を果たし、意味を満たしていくことに、どのキリスト教大学においても困難を経験していることも事実でしょう。そうした現状の認識に立って、キリスト教大学の教育と学問研究の意味についてお話ししたいと思っています。

1　キリスト教信仰とキリスト教文化

はじめに申し上げたいことは、キリスト教信仰の生き方の中心には、人生と世界にとっての意味と力の源泉である神を信じる「信仰」があります。しかしそれだけでなく、その信仰によって支持され、規定された「キリスト教文化」もまた存在するということです。当たり前の事実ですが、そこからお話ししたいと思います。キリスト教信仰は、聖書が証言しているように、ナザレのイエスを神が立て、油注がれた方、つまりメシア（キリスト）としたと信じる信仰ですが、これはまた迫害を受けていた時代にキリスト教徒のシンボルにされた「イクスース」（魚）の語が示すように、イエスは、キリスト、神の子、救い主と信じる信仰です。そしてまた、ナザレの主イエス・キリストの人格と生涯、その出来事（十字架と復活）の中に、神がご自身を啓示されていると信じ、その啓示された神とその御旨ならびに御業を信じる信仰です。この信仰がやがてギリシャ・ラテンの文化、さらにはその他の文化との交流、それらとの戦いや摂取、そして改変を通して、「キリスト教文化」を生み出しました。現在なお生み出しつつあります。キリスト教学校、とりわけキリスト教大学は、起源的に言いますと、そうしたキリスト教文化世界の中から生まれた一大文化価値と言うべきでしょう。古い大学には神学、医学、法学の学科があり、それ以外をリベラルアーツ（教養学科）と言い、それらは哲学で包括されました。私はチュービンゲン大学に留学しましたが、チュービンゲン大学も一五世紀に発した中世以来の大学ですから、やはり神学部、医学部、法学部が中心にありました。私の長男は、エディンバラで建築史の学位論文を書きましたが、学位はPh. D.です。建築史でなぜ「哲学博士」なのか、それは中世以来の大学の歴史からきているわけです。

日本の大学、特に帝国大学は、明治期の日本が当時の列強に倣った国家形成を遂行する中で、特に当時の新興近代国家ドイツに手本をとって形成されました。一九世紀の七〇年代に近代国家の形成に向かった帝政ドイツが天皇制日本の手本になりやすかったと思われます。そこでベルリン大学（フンボルト大学）が日本の帝国大学の手本になりました。しかし日本の帝国大学に神学部がないことと、工学部があることがベルリン大学と典型的に異なりました。工学は大学の中にはないのが本来の大学の伝統でした。こうした大学の歴史は、一般に国家よりも古いものです。ハーバード大学のように新しい大学でも国家より古いことと、神学部を持っていても工学部は持たないことは、ヨーロッパの大学と共通しています。要するに、現代に継続されている大学は当初、キリスト教文化世界から由来したということをお話したいわけです。「コルプス・クリスチ」（キリストの体）と言えば、聖餐のパンであり、また教会ですが、それがあるだけでなく、また「コルプス・クリスチアヌム」（キリスト教的世界）がありました。「信仰」から言いますと「教会」が重要な中心ですが、同時に「文化世界」があり、そこでは「国家」と共に「大学」が重要な支点になりました。

キリスト教学校の寄付行為には多くの場合「この法人は、福音主義のキリスト教に基づき、かつ教育基本法及び学校教育法並びに私立学校法に従い、教育事業を行うことを目的とする」とあります。キリスト教はそのようにキリスト教的教育を伴い、キリスト教文化をもたらしてきました。教育は、文化の一部と言ってよいでしょう。しかし教育は、人間人格に直接関係しますから、文化を超えている面もあり、文化以上のものを必要とするとも言うべきでしょう。信仰はその「文化以上のもの」に触れているわけです。

キリスト教学校の建学の精神として多くの場合に記されている「福音主義キリスト教」とは何かということにも触れる必要があるでしょう。「福音主義」という用語には通常、「福音」という用語からくるもともとの意味と、歴史的な意味、さらにはもう少し独特な使用法を加えて、ほぼ三つの意味があると言ってよいでしょう。「福音主義」はまずは聖書と福音を強調した「宗教改革」を意味し、「宗教改革的キリスト教」を指します。一般にヨーロッパではこの用法で用いられています。内容から言いますと、「聖書のみ」と「信仰のみ」、そして「信仰による義認」によって代表される宗教改革のキリスト教です。つまり伝統や習慣よりも、聖書から不断に御言葉に聞くことに集中するキリスト教、そして人間の行為や教会への寄進、巡礼といったことより、ひたすら神の恵みに信頼する信仰のキリスト教です。「福音主義」はこの意味での「宗教改革の精神」を指します。しかしそこからさらに転じて、その歴史的継承を含めて、ローマ・カトリック教会とは区別されたプロテスタント・キリスト教、プロテスタンティズムのことを意味するということも一般的です。プロテスタント・キリスト教は、当初の宗教改革だけでなく、その後五〇〇年近く経ていますから種々の経験を重ねてきました。宗教改革の当初の地域であった北ヨーロッパやイギリスから、さらにアメリカ大陸に、そしてアジアやアフリカに広がっています。それを総称して「プロテスタンティズム」と称しますが、それを「福音主義」とも呼ぶことは可能です。福音主義とはプロテスタンティズムであるということです。しかしさらに第三に、そのプロテスタンティズムの中でも主としてイギリスに発し、アメリカに伝わった「敬虔主義的なキリスト教」、ピューリタン由来で、禁欲的（アセティック）なキリスト教のことを意味する場合もあります。「福音主義のキリスト教」自体が、つまりはすでに興味深い研究対象なのです。特に第三の意味の福音主義は、信仰の自発性を強調し、自主的に祈り、聖書に親しみ、伝道的で、アセティックな生活態度のプロテスタント・キリスト教であり、東アジアのプロテスタント教会は多くこの流れから成立しました。「アスケーゼ」（禁欲、修練）というのは、目標に向かってエネルギーの集中を図る自己管理を伴った意志的で高度に倫理的な生活姿勢を意味します。そういう意味での集団内の人間教育が働いたわけです。マックス・ヴェーバーやエルンスト・トレルチが「禁欲的プロテスタンティズム」と呼んだ生き方はこの第三の「福音主義」と大きく重なっています。もう時代も変わり、当初の一七世紀、一八世紀のままということはできませんが、東アジアのプロテスタント教会にはこの流れが底流にあって、それを何らかの仕方で、モラル崩壊の時代に新しく再生させることが期待されているのではないか、と思われます。

2　文化を越える信仰（福音）

キリスト教信仰はただ新しい文化を生み出しただけでなく、その中には時には激しい「文化否定」の契機もありました。文化は人間の業ですが、信仰には人間の業を否定し、神の働きのみに拠り頼むところがあるからです。文化は人間的で、しばしば民族的なものにもなりますし、時代的にもなります。それに対し信仰には人間でなく、「超越的な神」に触れ、神との関係を生命的な中心にしているところがあります。それだけに信仰には、文化、民族、国家などを超えた面があるはずです。教育というのは、一方で文化的、社会的ですが、しかしそれだけでなく人格と係わる意味で、文化も社会も超える面があるのではないでしょうか。教育には国家の要求や時代や社会の要請を脱するところがあるのではないでしょうか。社会や国家は、自分たちのために教育したいと考えるかもしれません。数年前の第一次安倍内閣時代に「教育基本法」の改正が行われた頃の議論も、国際世界の競争に日本が対抗できるように教育を立て直すといった国家的な見地からの議論が主要な流れをなしました。「国家のための教育」という考え方です。しかしキリスト教信仰の視点から言いますと、国家は、民族や時代とともに特別絶対的でも、最高でもありません。国家はむしろ神聖化してはならないものです。「皇帝のものは皇帝に、神のものは神に返しなさい」(マタ二二・二一)と言われるように、人間には国家に属さないものがあるのです。キリスト教は決して国家を拒絶するわけではありません。しかし原則的に国家を限定する性格、国家が国家以上になることを諌める性格があります。また当然、文化至上主義ではなく、文化を限定し、文化を改変する性格があります。テルトゥリアヌスのように「アテネとエルサレムに何の関係があるか」と言った教父もおりました。それは文化と信仰の峻別を語ったわけです。アシジのフランチェスコに発するフランチェスコ会の厳格派の中では一日三〇分以上の読書は禁じられたという話を聞いたことがあります。文化や学問で人間は救われるものでないことを知っているわけです。

ですからキリスト教大学におけるキリスト教教育は、実は「激しい緊張」を内に含んでいると言わなければならないでしょう。キリスト教大学は、人間は国家で救われるわけでないが、また大学で救われるわけでもないことを知っている大学でなければならないわけです。そうなると人間は教育で救われるものでもないということにもなるでしょう。そういう自己否定を含み、自己の挫折における超越への窓をもった教育、そういう教育がキリスト教大学では求められているのではないかと思います。

3　変化や創造の勇気

こうした点から考えますと、日本社会は、国家や民族を超える「超越の原理」が希薄な社会に思われます。たとえばナショナリズムなどに対する「批判原理」が欠如していると思われます。日本の多神教が一神教に勝るなどという無批判的な言葉がよく聞かれます。この夏、塩野七生『ローマ人の物語』の最後のあたり、アンブロシウスが描かれている巻を読んでいて、あれほど古代ローマ史と詳しく取り組んだ著者なのに、彼女の多神教理解にはあまり納得できず、率直に言ってがっかりいたしました。日本宗教史の問題で、かつて丸山眞男が語ったように、日本は批判や抵抗の拠点の確立しなかった国であると思われます。ロバート・ベラーが日本の明治期の近代化について「勇気の拠点」がなかったと書いたことがあります。ヨーロッパ史で言うとコルプス・クリスチアヌムの中には皇帝の権力を限定した教皇権がありました。帝国も諸国家も、強力な対抗馬として教会を常に意識していました。やがて国家と異なる「社会」という領域が出現し、国家を相対化します。人格としての人間の主張、そして人権の主張も、この国家を相対化する視点と切り離せません。人格とその自由は、皇帝のものでなく、神のものであるという視点が重要なわけです。

文化や教育で重要なのは、ナショナルな地平や国家的な地平を超えていく次元を含んでいることでしょう。それには人間の地平を超えている実在に対する感覚が重大な意味を持ちます。そうした超越的実在への感覚という点では「旧約聖書の預言者」は典型的です。残念ながら、日本の神道にはそういう超越的な実在の支持を受けた抵抗の精神的拠点は見出せません。仏教寺院も徳川三〇〇年の間、幕府の宗教政策や政治的支配の道具にされ続けました。さしたる抵抗の拠点にはならなかったわけです。教育や文化形成において重要なのは、超越に撃たれ、自らの営みを超え出た次元に触れること、何らかの仕方で超越的な神に対面する経験ではないかと思われます。内在主義的な宗教では批判原理としてはどうしても弱体です。現実全体を変化や新しい出発へと駆り立てることはできないでしょう。人間のアイデンティティについても、ただ「守旧」によって維持されるのでなく、超越と係わることで異なるものにも、新しいものにも開かれていきます。それが、閉じこもったアイデンティティよりも一層逞しいアイデンティティではないでしょうか。

4　キリスト教学校の使命

日本に現れたキリスト教的思想家の中にも、信仰もしくは宗教が「文化」を超えた面を持つことを語った人々は幾人もおりました。たとえば宗教哲学者波多野精一は「自然」「文化」「宗教」の三段階を区別して、「人格」の領域を「文化」でなく「宗教」に結び付けました。あるいは南原繁は、政治の価値（正義）と区別して、真、善、美の価値を置き、それらを超えて「聖」もしくは「愛」の価値を置いて宗教を語り、科学や道徳にも侵されず、まして政治に侵されることのない価値領域として宗教を語りました。南原が戦時にあっても天皇制の日本主義からも当時の時代全体のナチスへの傾倒からもまったく超脱して「時代を超えた目」を持ち続けたのは、彼の「価値併行論」と呼ばれたこの価値思想、特に超越への信仰があったためと言われます。

キリスト教大学とその教育にはこういう時代や民族社会、今なら情報社会をも超えた超越への視点が重要ではないでしょうか。それは文化をもたらすけれども、それを超えた視点、社会に貢献するけれども、それを超えた視点を持っていることだと思われます。「超越の視点」とは何でしょうか。それにはそれなりの特質があり、キリスト教では典型的には「預言者」の中に、そしてまことの預言者であるイエス・キリストの中にその具体化を見ています。その超越の場は「神の言葉」によって保持されます。大学の教育と研究の中で言いますと、自分たちの教育や研究を超えて、超越との出会いの場を持っている、それがキリスト教大学の特徴でしょう。それを「神の言葉」に置いているのが福音主義的なあり方です。ですから聖書が説き明かされ、神の言葉がその都度新しく語られる「礼拝」が大学をキリスト教大学として支える不可欠な拠点であることになります。その都度新しく超越の言葉を聞くことが大切です。

また超越に触れる姿勢として「祈り」が必要ではないでしょうか。キリスト教大学とは「祈る大学」です。祈りをもって教育し、また祈りをもって研究するわけです。日本の知性は祈りを重んじません。それどころか軽蔑しがちです。一般にも祈りは軽く見られ、非理性的、非知性的なこととされているのではないでしょうか。それはかなりの程度愚昧としか言いようのない「明治啓蒙」以来、あるいはそれ以前の「儒学」における祈禱の否定から来ているかもしれません。しかしそれは本当の祈りを知らなかったからです。つまりは祈る相手を知らなかったからでしょう。明治初期の日本人キリスト者第一世代に属していた海老名弾正の自伝的な話の中に「祈ることができなかった」という話が出てきます。人間が砕かれないと祈れないということもありますが、それだけでなく教育の問題もあったのです。「鬼神を恐れず」という儒教教育がありました。祈りは稲荷神社や御利益宗教の迷信・邪信と結びつくとされました。海老名は、熊本洋学校に入学し、ジェーンズ先生から英語をならい、let us pray と言われて、英語教育によって祈りを学んだと言われます。人生をかけ、その方の前に生き、その方の前で死ぬ、そういう人生をささげて悔いのない相手、「真の君主」を見出したのが海老名の第一の回心になりました。「君の馬前で死す」と教わってきたはずなのに、その主君である藩主を「廃藩置県」で失いました。当時の青年にとって、おそらく大政奉還や明治維新そのものよりも「廃藩置県」がはるかに大きな事件ではなかったかと思われます。藩主を失い、死にどころを失った青年が、キリスト教の神の中に真実の君主を見出す経験をしたわけです。今、震災と試練の中での教育の課題は、ナショナリズムでもヒューマニズムでもない、また古い村落社会のコミュニティに回帰することでもないでしょう。そうしたものとの少なくとも一端の「断絶」を持った人間の新しい生き方として、「祈り」を教えなくてはならないのではないでしょうか。

最近、ある政治家が法務大臣の頃、死刑の執行ができなかった理由として「理性的な人間には死刑はなじまない」と語ったと、新聞に紹介されたことがあります。生命の尊厳は言うまでもなく、大きな主題です。しかしそれは人間理性の話でしょうか。理性の話でいえば、現にある法の執行のできない人間は法務大臣になるべきではないでしょう。生命の尊厳は理性以上の根拠を必要とするのではないでしょうか。これも「祈り」に通じている問題です。

真剣な人生は祈りを持ちます。大江健三郎があるキリスト教女子大学での講演で「信仰なき者の祈り」という話をしたことがあります。障がいを持った子供を育てる親として、あるとき祈っている自分に気づいたという話です。誰の人生にも祈りがあります。人間は虚無の現実の中で人間として形成されるのではないでしょう。「より偉大な方の守り」のもとで人間は人間として成長すると言うべきでしょう。誰もが「無言の祈り」を持っています。キリスト教学校は、その沈黙の祈りに言葉を与える教育をすべきであると思います。神の言葉を聞き、祈る中で、キリスト教学校の使命は新しく受け取り直され続けるものです。キリスト教大学の学長や理事長といった代表者にキリスト者が必要とされる理由の重大な一つは、こうした祈りの人を必要としているということだと思います。

5　キリスト教信仰と科学

これまではどちらかと言いますと、「教育」についてお話をしました。あまり触れられなかった科学や学問とキリスト教の係わりについても少しお話して、それからまた教育の話に戻りたいと思います。

現代の文明は、一方で価値の分化や分裂の中にいます。それぞれの学問や科学は独立の領域や独自の方法、独自の論理を持ち、別の学問の論理によって支配されることを拒否します。学問の自由と言えば、国や企業、その他人間の生活領域の支配を脱して、学問のための学問、科学のための科学に終始しようとするでしょう。この方面の学問の進行は回避し難く、次々と細分化し、専門領域化して、独自論理を強調し、そのあまり独自の文法世界の中に生息することにもなって、他の学問や社会との共通言語を失う結果にもなります。その科学に入ると他の世界とは別世界に入ったようになります。しかしこうした学問や科学の専門領域が独自の思考や論理方法によって独立したのは、決して昔からではありません。近代の学問の成立からですが、それも近代の初めからでもなく、甚だしくは一九世紀以後ではないでしょうか。

この学問の独立の中で、キリスト教信仰は相当に「出る幕」を失ってきました。キリスト教信仰が出る幕を失ったということは、神からその出る幕を奪ったことでもあります。中世のころ、「信仰と科学」（pietas et scientia）と言われました。この標語はその後も多くの大学の標語であり続けたものです。つまりパイエティとサイエンス、両者の区別と関連が知られていたわけで、それが大学の根本にありました。この根本が変質し失われて、すでに久しく、ピエタスなきスキエンチア、信仰なき科学になっています。科学は信仰と無関係とされ、文明の中に巨大な二元論が入りこみ、いまでは科学や学問は、無神論的科学、世俗主義的学問になっています。その結果社会は経済第一主義や世俗主義的欲望社会に押されているのではないでしょうか。信仰なき科学は、一九世紀的な「キリスト教文化の分裂現象」であって、克服されるべき現象ではないでしょうか。

この分裂は文化にとっても、従って科学にとっても、決して幸いなことではないと思われます。大きな区分から言いますと、自然科学と信仰、あるいは自然科学と信仰の学である神学との分裂は、一方に「神なき自然」、つまり具体的に言いますと「内在主義的に理解された自然世界」を立て、他方には「自然のない神」を置くという仕方で自然と神の分裂を想定することになります。それによって、一方で「自然のない神」は天と地とその中の万物を創造した「聖書的な神」ではなくなります。他方の自然世界は神なしに、従ってそれ自体の「意味や理由の源泉」なしに、ただそこにあるだけのグロテスクな存在に化します。さらには歴史科学においても一方では「神なき歴史」が立てられ、他方では「歴史なき神」になります。これも幸いなことではないでしょう。「神なき歴史」は、意味も起源も目標も人類が担わなければならないものとなります。人類がそれを担えなければ、そして結局は担うことは不可能と言わなければならないと思うのですが、その結果、歴史は無意味で虚無的な混乱へと解体する以外にないでしょう。人類が歴史の究極の担い手役を負わなければならないということは、不可能なことではないでしょうか。よほど人間に対して楽観的に信頼を置き、さらにそれを肥大化させ、神格化させなければ、人類が歴史の意味の源泉になる理屈は通らないでしょう。知性的に言っても、人類に歴史の意味を担わせることは、虚無に耐える以上に筋の通らない話のように思われます。人類は自らの意志によって万物の意味形成をなす負担を負いきれるものではありません。神の否定は結局のところあらゆる領域における意味の否定に結果するのではないでしょうか。

科学と信仰の分裂だけでなく、倫理や道徳からも信仰は分離させられました。無神論的倫理、世俗主義的道徳の時代になりました。それが、結果として、今日の「規範喪失社会」、そして際限のない「欲望社会」の出現ではないでしょうか。今や「文明の総崩れの危機にある」と言っても過言ではないと思われます。近代世界の成立時にはなかった、こうした信仰の排除、信仰はごく限られた人々の実存の決断の中でのみ意味を持つといった信仰の狭隘化と、多大な生活領域の非宗教化の現象が起きているわけです。ただし他方には、日本社会など、なお前近代的な現象が残っており、古き宗教的習慣が残存しています。世界には地域独占的な反近代的宗教の支配が行われているところがあります。キリスト教は両面の課題の中にいると言うべきでしょう。一方の世俗主義、あるいは無神論的科学や生活領域、そこでは倫理はおのずと功利主義と自己決定に委ねられる傾向に傾きます。そうした傾向にキリスト教は立ち向かわなければなりません。他方では、非科学的な古き宗教の残存形態、あるいは反近代的な特定宗教の独占支配に対して、「自由な世界での自由な信仰」を世界共通文明の動向として基礎づけ擁護する課題があります。そうした中で信仰と科学の分裂について、もう一度考え直すべきときに来ているのではないかと思われます。

この分裂の歴史そのものの経過を反省して見直すことも重大でしょう。ドイツ・イデアリスムの崩壊からか、あるいはもっとはやくデカルト、ライプニッツ、カントへの思想の過程で、神は自然から、やがて社会と歴史から、そしてついには倫理や道徳からもその外へと追いやられたと考えられます。二一世紀はこの流れを問い直して、もう一度科学と信仰、そして科学と神学の関係、さらには社会や歴史、倫理や道徳と信仰や神学との関係を取り戻すべき時代ではないでしょうか。キリスト教大学はこの科学史に注目すべきと思われます。実際、近代科学の多くは、はじめキリスト教信仰との何らかの関係を持ちつつ、その中から生じてきたと言ってよいでしょう。人間学、歴史学、社会科学はもちろん、自然科学もまたキリスト教信仰との深いかかわりの中から成立しました。科学を成立させる合理性への信頼も宗教的な根拠をもっておよそ実在するあらゆるものの筋道とされてきました。一七世紀の科学革命やニュートンの信仰など意味深いものだと思います。最近、ニュートンとライプニッツの論争、「ライプニッツ－クラーク論争」を読み返しました。両者ともキリスト教信仰の神を語るために時間・空間についての議論を戦わせています。科学史的に言うと、現代はもう一度、ターニングポイントに立っていると思われます。

諸科学の学際的な関係が回復されるときであると共に、信仰と科学の関係回復が重大な問題になるという意味でのターニングポイントです。この点で、キリスト教大学は諸科学と共に、科学史的に重大な戦略的地点に立っていると言うことができるでしょう。現代文明の危機に直面して、キリスト教大学とそこでの学問的実験は、政策上、重大な地点におかれていると言うべきです。

6　キリスト教信仰による人間教育

もう一度、現代における人間教育に目を向けてみましょう。いまや「人格教育」といった標語はどこででも聞かれます。しかし人間を「人格」として扱い、「人格」として教育する、それは単純に「もの」とは違うといったレベルの話ではないのではないかと思います。「ただひとりの人」とか、「かけがえのない人」といった表現もなされます。しかし同時にその人格が関係の中にあり、他者のためにあることも表現する必要を感じています。「独自の存在であって、同時に他者と共に、他者のためにいる人間」、そういう人として教育するということでしょう。それはそれで誤りではないと思いますが、どういう理由や根拠に基づき、どういう基盤に基づき、どこに資源的な根拠を持って、その教育を鼓舞することができるかが重大な問題です。

「人格」という言葉は元来日本語にはなかったことを考えてみるべきではないでしょうか。「人格」は言うまでもなくpersonの訳語です。「人格」という用語に落ち着いたのは明治二〇年代と言われます。人間をpersonとして理解するのは、欧米にとっても外来語ですから、英語にもドイツ語にももともとなかった言葉です。出所はキリスト教的ラテン語ですから、古代のキリスト教世界です。「神の内なる三位格」をpersonaと言いました。「ペルソナをもった神」「パーソナルな神」から来た言葉です。そうなると人格は、人間の内的な可能性として人間から引き出されたり、発展したりする観念ではないでしょう。「もの」と比較して、それで確立できるものでもありません。英語のEducation、ドイツ語で言うErziehungのように引き出す行為の対象でも、あるいは発展（evolution）概念の目標でもありません。すでにそれ自体として潜んでいる可能性が引き出され、萌芽的に植え付けられているものが発展するというのではないからです。パーソナルな神との出会いの中で、従前の人間の自己主張が裁かれ、挫かれ、審判をくぐって新しく創造的に生かされることが重大です。そしてこのパーソナルな神との出会いのために、キリストの「贖いの犠牲」があり、それによって神との「新しい契約」の道が開かれました。人格の形成は、そうした従前の人間の自己主張が裁かれるという「断絶」をくぐった「新生」によって語られる事柄です。キリスト教の表現で言うと「神の似姿」として創造されながら、その回復的完成には「キリストの犠牲」が必要で、そうした仕方で「人格」としての人間は語られるものです。その意味で「人格」はヒューマニズムの用語ではなく、キリストによる贖罪を通してはじめて回復される新しい恵みの創造による概念と言うべきでしょう。

エルンスト・トレルチは近代における最良のものは、「自由と人格」であると言いました。人格の自由は「自由権」として「人権」の主張にもなりました。しかし「キリスト者の自由」は宗教改革者マルティン・ルターが語ったように、キリストの「義」との「驚くべき交換」、キリストが私たちの罪を負い、代わってご自身の義を与えてくださったことによります。キリスト教信仰によれば、人間の尊厳はただ「生きとし生けるものみな同一」ではなく、また「万物同根」でもなくて、被造物の中でも特別に「神の似姿」として、神に応答するものとして造られた位置にあり、それがキリストの命を賭した贖いによって神との関係の中に回復されたことにあります。「人格」（person）は神に語りかけられ、神に応える中に深い根源を持ちます。それゆえこの自由は、神の憐れみに根拠するものとして、他者への奉仕になって現れると宗教改革者は主張しました。人間教育の中に「自由と人格」の教育がなければならないと思いますが、福音主義のキリスト教に基づくキリスト教大学にはそれを教育の課題とする特別な理由があると言わなければならないでしょう。

しかし現代の教育にはそれだけでなく、さらに色々な課題があります。人生観や歴史観の教育が必要ですし、現代の倫理的危機に耐え、新しい倫理に生かす教育、忍耐や信頼を教え、希望を教える教育が必要でしょう。何かすでに出来上がった固定観念があるわけではありません。教育目標にも創造的な発見と表現の努力が必要でしょう。

7　試練を受けるとき

現代は試練の時代と言うべきだと思います。東日本大震災の被害者の苦難はなお依然として未解決状態のまま継続しています。その上で日本経済は、グローバルな経済不調の中にいて、打開の見通しはなお曖昧なままです。少子高齢社会の中で若い人々に過重な負担がかかり、将来に借金を積みながら年金や社会保障を行っていると聞かされます。経済格差が大きくなっています。しかもそれが固定化され、低所得者層にある者は容易にそこから脱出できず、その子供たちは大学教育を受けるに困難という悪循環の中に陥っています。教育は従来、上層と下層の階層分化に対して、下層から上層に駆けのぼる社会の登竜門として、一種の社会的温度差を攪拌する運動媒体でした。それが機能せず、教育もまた格差社会の枠組みの中に嵌め込まれ、社会を攪拌し流動化させる力を弱めているように思われます。

試練は災害と経済にあるだけではありません。原発事故の放射能汚染の問題は未だ解決の見通しが立っていません。地球温暖化に代表される環境問題の負担も重くのしかかっています。地球温暖化の影響はすでに異常気象の中に現れ、干魃による難民の発生に及んでいると聞かされます。国際テロリズムの脅威と疫病のパンデミックも対岸の火事でなく、世界の問題は直ちに日本の問題です。こうした世界の逆境のさまざまな徴に対抗し、キリスト教大学はどう希望の徴を描き、希望を指し示すことができるか、その責任があります。

さらに教育の身近な問題として、インターネット社会でのモラルの低下、規範喪失状況が色濃くなっていることが挙げられるでしょう。インターネット犯罪も深刻化しています。教育における倫理の課題があり、道徳的再生が真剣な課題になるでしょう。青年たちが色々な誘惑にさらされ、依存症に誘われ、犯罪に刺激されています。自己を喪失する時代傾向の中にあって、それぞれのアイデンティティをどう確立するか、教育の質が問われています。試練の時期はなお当分続くでしょう。その中で、各人の正体が現れないわけにいきません。その人が受けた教育の実力が試されると言ってもよいのではないでしょうか。

試練にあって人間には二種類の生き方があると、アウグスティヌスは『神の国』の中で書きました。彼が書いたのは、今日と同じような、あるいはもっと激烈な試練の時代の中でした。異民族の侵入による略奪、あるいは飢饉や災害によって、ローマ帝国が滅んでいく時代でした。彼の言う二種類の生き方とは、「試練の中でもみ殻のようにくすぶり、煙を出す」か、それとも「試練の中で炎に焼かれ、不純物を燃やされ、打ち直されて、黄金のように輝く」かだと言うのです。その違いの根本には、何ものによっても破られない神の愛(ロマ八・三八―三九)、大いなる方との信頼関係の中に置かれていることが決定的です。大いなる方への信頼に基礎づけられた希望と平静さは、災害と試練の時代の重要な徳であると思います。

8　信仰を伝える確信

キリスト教信仰に立った教育は、その教育を越えた「信仰」の意味を伝えます。試練の中での守りがあること、神がご自身の御子の命を注ぎ、一人一人をご自身との平和の中に迎え入れてくださった、それによって支持的基盤が与えられていることを伝える必要があります。復活の主が「平安あれ」と言われ、「安心して行きなさい」と言われます。不安の時代の中にあって神により、キリスト・イエスによって生きる霊的な生活が可能であること、その「守り」と「平安」の中で「目標」を与えられること、そこで各人のアイデンティティを築けることを伝えます。貴方は守られている、大いなる方の支持があることを信じてよいと伝えます。試練にあって守られていないのでなく、神の恵みに支えられています。

その意味でキリスト教学校は、根本において、信仰に立ち、それを伝え、信仰の霊性を養う意味を確信している必要があると思います。それは、結局は失われていくものを与える教育よりも、また結局は衰えていくその人自身の力を養う教育にも優って、失われず、衰えることのない大いなる方の支持と守り、それゆえの平安を伝えることに確信を持つことです。そこから学ぶ力も、また生きる勇気も湧いてくることを伝える必要があります。話があちらこちらに飛んで、基礎づけの不十分な話になったようにも思いますが、参考になることが一つでもあれば幸いと思います。

第10章　世界伝道としての日本伝道

はじめに

日本の教会は、それぞれに与えられた地域において世界伝道の最先端に立っています。どの教会も世界伝道のフロンティアにあるという視点で、日本伝道における世界伝道、あるいは世界伝道としての日本伝道という主題で話したいと思います。世界伝道としての日本伝道という視点の背景として、二、三の見聞をまずお話したいと思います。

最近、群馬県の中都市にある教会で二年連続して伝道奉仕をいたしました。その教会の最寄りの他教会はカトリック教会で、主日の朝の礼拝に六〇〇人ほどが集まります。日本基督教団の諸教会のスケールで言うと例の無い大きな集会ですが、それはその町のある生産工場にブラジルから大勢の人が働きに来ているためとのことです。地方の小都市の中にグローバル化の現象が起きており、教会の姿に変化を与えています。日本伝道の中に世界伝道が入ってきています。これに対応した逆の現象として、日本人が海外でキリスト教に触れ、洗礼を受けて帰国するケースがあります。その中から伝道者として献身する人々も出ています。他方で帰国して日本の教会生活に適応できないケースもあると聞かされています。こうしたことも世界伝道の中の日本伝道、あるいは逆に日本伝道の中の世界伝道という現実があることを意味しているでしょう。

もう一つの経験を申しますと、二〇一〇年六月、韓国・ソウルにある長老会神学大学で「エディンバラ会議一〇〇周年記念会」が催されました。エディンバラ会議ではプロテスタント諸教派の人々が集合して世界伝道の意志を確認しあいましたが、その意志を継承する意味で一〇〇年記念の年、類似の会が他にも幾つか行われました。長老会神学大学は韓国の最大教派「イエス教長老教会」の中心的な神学大学です。現在の韓国教会はかつてのアメリカの教会に代わって世界伝道に多くの宣教師を派遣しています。そのときもインドネシアやアフリカ、あるいはロシアなど世界各地に派遣された長老会神学大学出身の韓国人伝道者が集まって研修を行いました。そのときのイエス教長老教会の総会議長の挨拶は印象的でした。現代の世界伝道の課題として重大な地域が二つある、一つは中国、もう一つは日本と語ったのです。実際、日本にはかなりの人数の韓国の宣教師、あるいは日本の神学校での留学を経て、牧師になっている韓国出身者がいます。その数は徐々に増え続けています。昨年（二〇一四年）のことですが、中国で公認教会の会堂の屋根の十字架を取り外させるなど政治的圧力がかかっているという報道がなされました。その折、アメリカのある調査会社の調査結果が新聞に掲載されていました。公認教会の信徒数は五六〇〇万人、非公認の家の教会、あるいは地下教会の信徒数はそれを上回るというのです。それが正しければ、中国のキリスト者数は一億一〇〇〇万人を越えています。全人口一三億六〇〇〇万人として、キリスト者の対人口比は実に七パーセントを越えているということになります。そこで大変目立つのが、日本におけるキリスト教伝道の劣勢です。この現実から目を逸らすことはできません。日本における伝道の劣勢に直面して、今日の世界伝道を進めていかなければならないでしょう。

1　日本伝道の劣勢

東アジアのプロテスタント伝道は一九世紀の世界大伝道の世紀に起きました。大きな目標は中国大陸でした。日本に最初に来た宣教師ヘボンも、来日以前に中国伝道に赴いています。その後中国の教会は共産党支配の下「三自愛国運動」により海外諸教派との関係を断ちましたが、存続し続けたわけです。韓国でのプロテスタント伝道は、日本より何年か後に開始されました。最初の宣教師アンダーウッドは横浜で聖書を印刷して、朝鮮半島に持ち込んだと言われています。台湾もほぼ同じ頃にプロテスタント伝道が開始されました。これら東アジア諸国の伝道運動のルーツは同一のものと言ってよいでしょう。一九世紀のプロテスタント教会の中でも個人の主体性の色彩の強い、敬虔主義的な運動、信仰復興運動（リヴァイヴァリズム）のキリスト教です。聖書に親しみ、祈りを重んじ、安息日（礼拝日）を厳守し、自発的な仕方で奉仕し、禁欲的（禁酒・禁煙）で、伝道を重視しました。それに対して教理や詳細な信仰告白や聖礼典、教会規則などにはあまりこだわらないところがありました。

日本ではこの敬虔主義的キリスト教がかなりの速度で世俗化し、その特質を希薄にしてきました。戦後の経済成長と共に日本社会全体の世俗化に合わせて、教会の中にも世俗化現象が浸透し、キリスト者の特徴的なライフスタイルが希薄化する傾向が急速に強まったように思われます。日本伝道の劣勢の理由には、伝道主体である日本の敬虔主義的プロテスタント教会の姿勢が弱体になったという教会自体の内部問題があります。これにはすでに述べたように、同時に時代環境的な問題があって、日本の急速な世俗化現象があり、宗教的関心の希薄化が起きたためと思われます。典型的には、戦後のエコノミック・アニマルと言われた経済的繁栄やこの世的な快楽の追求が勢いを増しました。

しかしそれだけでなく、日本の伝道の劣勢の背後には、他方、日本社会の精神性や精神文化が容易に変わろうとしないという問題もあります。そこにはこれもまた容易に変わろうとしない日本社会の宗教的習慣が作用し続けました。国家も同様ですが、それよりむしろ社会の中に、日本の決して高度と言えない、むしろ道徳的、精神的な意味では低級とも言うべき民族的な宗教的習慣が残り続けました。それは安全と繁栄の願望を心理的に慰撫する宗教的習慣というべきものです。地方自治体にも、さまざまな企業の中にも、偶然性が生み出す不安に対する処理や繁栄欲求を満たすための心理的安定作用としての宗教的営みがほどこされています。皇室もまたある種の宗教的色彩を帯びて日本ナショナリズムの中核を形成し、キリスト教を社会から隠然と疎外する役割を果たしています。こうした社会の習慣の中に浸透した日本の宗教文化は、聖書に語られている用語で言えば「ストイケイア」と言うことができるでしょう。ガラテヤの信徒への手紙四章三節、ならびに九節に記されているこの用語は、神でない神々などの世の諸勢力、世の諸霊力のことを言います。パウロによれば、ユダヤ人たちには律法があり、それが人間を拘束し、奴隷にしているように、律法のない異邦人には神ならぬ神々の支配があって、ユダヤ人たちの律法も異邦人たちの世の諸力も、「ストイケイア」と言われます。福音は「ストイケイア」から人間を解放し、奴隷でなく「神の子」にします。十字架による贖罪と、その中に入れる洗礼に基づいて、「あなたがたはもはや奴隷ではなく、神の子」と言われます。キリストにあり、キリストとの一致にあるとき、人間は神の子として神との平和、神の愛と義と命溢れる平和の中にあって、もはや奴隷ではありません。神の子であり、相続人です、と言うのです。

福音による自由、福音による神の子、キリストとの一致による神との平和な人生、そこに入ることは、「世の諸力」（ストイケイア）から解放されることです。日本伝道が劣勢であるということは、逆に、人間が神ならぬ神々に捉えられていることで、日本に働いているストイケイアは中国に働いている共産主義や一党独裁の力よりも、実際には強いものがあると知るべきではないかと思われます。福音伝道は社会の宗教文化的拘束との戦いの中にあるわけです。

2　世界伝道としての日本伝道の回復

それでは世界伝道としての日本伝道に活力を回復するために、何が必要でしょうか。二、三のことを話したいと思います。

⑴ 信仰復興運動の意味

世界伝道としての日本伝道の活力回復の道を考えますと、過去のものとまったく同一の意味ではないとしても、過去の運動がもっていた弱点を克服した形での、敬虔主義や信仰復興運動の契機が新しい高まりを見せることが期待されるのではないでしょうか。この要素なしに伝道の力の回復はまずあり得ないのではないかと思われます。世俗主義も日本のストイケイアも人間の本当の自由や救いにはなりません。日本のストイケイアに捕らわれては、世界市民として生きることにもならないでしょう。キリストとその福音が持っている宝、その力に捉えられて、生かされるのでなければならないでしょう。神の御子が私たちのために遣わされたことの素晴らしさに心を燃やされ、「神を知り、いな神に知られ」、神が共にいてくださる喜びに生かされるのでなければ、後戻りせずに福音を伝え続けることはできないでしょう。神なしに生きなければならない虚しさに対し、神を信じて生きる確かな喜びを知る、そこには敬虔主義的な要素が働くはずと思われます。

(2) 世界文明との共同地平

伝道はキリストとその福音を伝えるのであって、それ以外の文明やイデオロギーを伝えるわけではありません。「エディンバラ会議」と同じ時代にドイツの敬虔主義を背景に持って伝道について神学的理解を語ったマルティン・ケーラーは、伝道は「プロパガンダ」とは異なると語って、「伝道」と「文化の移植」を明確に区別しました。しかしそれにしてもキリストの福音が、文化的な地平に影響を与えた事実は否定できません。自由と人格の尊重、従ってまた人間の相互尊重の関係、愛と義のある平和の秩序などは、福音に対応した人間のあり方であり、また社会のあり方でしょう。キリスト教は自らそのように立ちつつ、他宗教、特にイスラム教に対して「世界宗教の資格」を保持するよう期待すべきでしょう。世界宗教の資格は「自由な世界における自由な伝道」を保持することであって、人権の尊重や宗教的寛容、生命や平和の尊重を共通基盤にすること、それら共通基盤に対し宗教的な深みからの支持を与えることです。

(3) キリスト教の弁証能力を確信して

日本社会に横行しているキリスト教批判の中には、キリスト教伝道は欧米諸国の植民地運動の一環であるとか、キリスト教はそれ自体の中で戦争を起こし、対イスラムでも戦争を行ってきた、キリスト教は戦争する宗教と言った見方さえあります。一神教は争いを好み、多神教は平和を好むといった根拠のない非難もあります。周辺民族を支配下に収めたアレクサンドロス大王とその帝国も、その後のローマ帝国も、あるいはまたローマと争って残虐を極めたと言われるカルタゴも、その宗教は多神教でした。モンゴル帝国もチムール帝国もその宗教は同じく多神教でした。戦時の日本も多神教で、自らの多神教を隣国に強要したのです。

キリスト教は一神教と言っても、三位一体の一神教で、父、子、聖霊の交わりをその中心に含んだ一神教です。しかしいずれにせよ、一神教は好戦的な宗教といったいわれなき批判に対し、ただその理不尽に屈していてはならないでしょう。伝道は、論争することとは異なります。しかししっかりとした見方を持つことは重要でしょう。「キリスト教の弁証能力」を発揮しつつ、社会に存在している誤解や誤謬でたじろぐことのないようにすべきだと思います。むしろキリスト教こそが世界文明の共同地平を築き、人格の尊厳を支え、相互の尊重と義のある平和を支える真に世界的な資格を備えた宗教であることを示しながら、伝道する必要があります。人格主義も平和主義も人命の尊重も人権や寛容も、自由もデモクラシーも、キリスト教の中にその深い根拠を見出してきたし、これからも見出せるのであって、プロテスタント・キリスト教と世界文明の基盤的諸価値とは、歴史的にもっとも親密に関連してきたことを示すべきでしょう。

イスラム教との関係には信仰の寛容と共に、知恵が必要でしょう。イスラムとキリスト教の対立が、現代世界の根本問題であるような見られ方はされないほうがよいと思いますし、現にそういう見方は誤りでしょう。「ヨーロッパ中世の十字軍」についても歴史的な誤解は解く努力をすべきと思います。二つの点ははっきりしているのではないでしょうか。第一は中世ヨーロッパの全期を通してイスラム圏が圧倒していたのであって、キリスト教世界は劣勢であったということです。宗教改革期にもウィーン近郊に迫るイスラム軍の勢いを知って、ルターはローマ教皇とも手を組まなければならないと記したほどでした。キリスト教世界が優位に立ったのは近代になってからのことです。第二は、十字軍の戦いは「聖戦」として構想されたのでなく、法的原状回復のための法による「正当な戦争」として考えられたということです。だからこそ十字軍に携わる聖王ルイと併行して、トマス・アクィナスは戦争の法的な規制について神学的に思索しました。ただし現実の戦争の中ではいかなる法による戦争も、法を破って惨憺たる戦争になるということがありますから「正当な戦争」の理論に限界があることも明らかです。

3　伝道の力点

世界伝道として日本伝道が力強く展開していくためにどうしたらよいでしょうか。それは進むべき方向や心がけるべき道について信仰による洞察力、知的判断も重要ですが、なんといっても「献身」に係わることであって、時間と労力をささげ、献金を捧げて仕える力がなければならないでしょう。しかもそれを一時のことでなく、永続的に地道になし続け、その喜びを知るのでなければなりません。それは聖霊の働きであって、その働きに生かされるために祈って備えるのでなければならないでしょう。それがあってはじめて伝道力の増進が期待されます。その際、いくつかのことが考えられます。

(1)まず、教会形成は「伝道的教会形成」でなければならないでしょう。誰もが感じているように、教会形成は閉鎖的な閉じこもりの教会形成、あるいは守りの教会形成であってはならないでしょう。「伝道のための教会形成」に切り替えるべきです。伝道はだれもが用いられ、また教会全体が用いられるものですが、そのためにアクティヴ・メンバーを育てることのできる教会では、伝道委員会の働きを強化する必要があるでしょう。役員会の主力メンバーをはじめとして、時間と労力を注ぐことのできる人たちに伝道委員会で牧師と共に奉仕していただく必要があります。教会がかえって伝道を妨げているような現実を克服することから始めなければなりません。

(2)牧師の説教の力を強化する努力が必要です。一人一人の魂に訴える力を持った説教がなされるべきです。救われているとはどういうことか、神が愛であるとはどういうことか、聖書の本文のその都度の特徴を深く聞き取って説教がなされなければなりません。どの箇所で説教してもキリストの十字架と復活という同一語が繰り返されるだけでは、主の十字架と復活は伝わりません。説教でなければできないことがあります。それをする説教でなければなりません。そのためには説教の準備に十分な時間を取り、祈りをもって準備し、聖書の御言葉そのものが指し示している内容を深く聞き、力強く語る必要があります。分かりやすく説教する必要があります。分かりやすい説教は構成が分かりやすい必要もあり、原稿を準備したら、もう一度、分かりやすい構造になっているかどうか点検して、思い切って省けるところは省く努力も必要です。しかし、何よりも説教者自身が語っている説教と一体になっていることです。牧師の説教が伝道を妨げることのないようにすべきです。

(3)個人の信仰だけでなく、民の信仰、従って教会と家族の信仰を重視し、励まさなければなりません。救いは個人に来ますが、家族も救われます。日本の教会の中で家族が無視されてきたことには、それなりの事情がありますが、反省すべきことです。このことについてはすでに色々なところで記していますので、今回は省きます。

(4)「世のストイケイア」からの解放という点では、キリストの福音の視点から「社会」や「集団」の問題を論じなければなりません。「教育と宗教の衝突」が日本では繰り返し起きます。公教育の中で宗教心や道徳心の教育の必要性が語られるたびに、その衝突が起きます。現在もその渦中にあると言ってよいでしょう。日本では教育問題も道徳問題も、その方向づけは財界人が主となった諮問会議に委ねられます。諮問会議の内容はしばしば官僚が準備した資料に即して進められます。その結果、結局のところ経済第一主義が戦後日本の魂をむしばんできました。キリスト教会は、社会に向かって説教する面で、特に戦後、その資質を持った人材を養成することに成功しませんでした。キリストの福音の下に、日本の教育や道徳の問題性を突いて、日本の活路を切り開く人々が出てくることが期待されます。福音の伝道と共に、それを支えるキリスト教的な文化・文明の政策についての戦いをする必要があります。政治家やジャーナリストなど神学の「し」の字も知らない人々に「神学論争の愚かさ」といった言い方をさせておくべきではありません。最近(二〇一四年)でも自民党の小池百合子代議士が「神学論争」を馬鹿にする愚かな言い方をテレビ番組でしていました。「神学論争」は時に必須で重大なものです。孤立無援で戦ったアタナシオスのキリスト論論争も、宗教改革期の義認の教理の論争も、救いがそこにかかった論争であり、その後の世界史に深く影響したものです。真の神学論争は歴史の根底に作用します。いずれにせよ「キリスト教の世界政策」をわきまえ、またそれと取り組む牧師や教会人の出現が期待されます。

(5)教会の「言葉の力」を増し加えなければなりません。牧師の説教と共に牧師の「祈り」も重大な場を占めているでしょう。教会が聞く力、祈る力、読む力を増し加え、書く力、語る力を強めるようにすることが重要です。すべての人に書くことを求めるべきとは思いません。しかし聞くことと祈ることは求めるべきです。その点では日本の福音主義教会のよき伝統を失わないことです。

4　新しい信仰復興運動は可能か

新しい信仰復興運動は可能でしょうか。この問いに、それは不可能と答えることは不可能です。ですから、それは可能です。しかしそれはもっぱら神の主導によるほかありません。私たちとしては神の主導性が発揮され、伝道者の力量の修練と新しい信仰復興運動が起きることを強く願い、祈り求めるほかはないでしょう。御子の派遣によって大きな憐れみを示された三位一体の神が、日本から福音伝道を取り上げて、日本を審判の下におくのでなく、もう一度神の憐れみを伝えるために、教会を強化し、伝道者を起こし、信仰を復興してくださると信じて、今遣わされている信仰の馳せ場で励むほかありません。そのとき、牧師の交わりが重要でしょう。各地区において牧師が孤立しないようにすることです。また、牧師の交わりと共に教会の交わりが重要です。新しい信仰復興運動は、牧師たちや信徒たちが伝道のために集まるところ、そして共に祈るところからしか始まらないでしょう。信仰告白は牧師たちや信徒たちが共に集まる共通基盤であり、共同の広場を形成します。そこで共に誠実に、そして熱心に、篤く祈ることです。信仰告白を基盤とし、伝道の将来を展望するために集まり、そして共に祈る、そこからしか神の憐れみの働きによる世界伝道としての日本伝道の活性化は起きないでしょう。伝道は神の主導性により、聖霊の働きによりますから、それ以外の道は考えられないわけです。

あとがき

本書はこの数年間に行った「震災」「原発」「憲法問題」についての講演、その他いずれも「キリスト教の世界政策」の線上で必要な現代的課題についての講演を収録しています。それぞれ依頼を受けて講演したものです。初出は以下の通りです。これらの講演の機会を与えてくださったそれぞれの集会の責任者、また会に参加してくださった方々に感謝申しあげます。

第1章　「大震災と不安の時代に生きる」
二〇一二年二月一一日、日本基督教団福音主義教会連合関西部会の主催による教職・信徒研修会での講演

第2章　「東日本大震災を考える」
二〇一二年一月三〇日、日本基督教団東京教区西南支区教師会における講演

第3章　「エネルギー政策転換のカイロス――キリスト教神学の視点から福島原発事故を考える」
二〇一四年三月一三日、日本基督教団東日本大震災国際会議における講演

第4章　「憲法問題とキリスト教信仰」
二〇一五年二月一一日、日本基督教団四国教区高知分区二・一一集会での講演

第5章　「平和を求める祈りと憲法第九条」
二〇一四年八月一〇日、日本基督教団東京教区西千葉教会の平和集会における講演

第6章　「『第二次大戦下における日本基督教団の責任についての告白』――その意味と問題」
二〇〇七年四月一〇日、アジアに派遣されたドイツ宣教師の研修会における講演

第7章　「キリストにある生命の喜び――キリスト教的生命観と出生前診断」
二〇一四年一〇月一三日、四国障がい者キリスト伝道会のための講演原稿（当日の集会は台風のため翌年に延期された）

第8章　「宗教心と心の教育」
二〇一〇年四月二九日、学校伝道研究会における講演

第9章　「キリスト教学校の使命――震災と試練の時代にあって」
二〇一一年九月一五日、金城学院大学教員キリスト教セミナーにおける講演

第10章　「世界伝道としての日本伝道」
二〇一五年二月八日、東京教区南支区伝道部主催の伝道講演会における講演

これらの講演が、それぞれの問題とどう取り組むべきか、互いに考え、語り合うのに多少とも参考になれば幸いです。

二〇一五年五月一日

著　者

《著者紹介》
近藤勝彦（こんどう・かつひこ）
1943年、東京に生まれる。東京大学文学部卒業、東京神学大学大学院修士課程修了。その後、チュービンゲン大学に学ぶ。神学博士（チュービンゲン大学）。東京神学大学教授、学長を経て、現在は同大学名誉教授。日本基督教団銀座教会協力牧師。

著書 『デモクラシーの神学思想』（2000年）、『伝道の神学』『窮地に生きた信仰』（2002年）、『伝道する教会の形成』『しかし、勇気を出しなさい』（2004年）、『啓示と三位一体』『キリスト教の世界政策』（2007年）、『キリスト教倫理学』（2009年）、『二十世紀の主要な神学者たち』（2011年）、『贖罪論とその周辺』『人を生かす神の息』（2014年）ほか多数。

いま、震災・原発・憲法を考える——続・キリスト教の世界政策

2015年8月15日　初版発行

著　者　近藤勝彦
発行者　渡部　満
発行所　株式会社　教文館
〒104-0061 東京都中央区銀座4-5-1 電話03(3561)5549 FAX03(5250)5107
URL http://www.kyobunkwan.co.jp/publishing/
印刷所　モリモト印刷株式会社

配給元　日キ販　〒162-0814 東京都新宿区新小川町9-1
電話03(3260)5670 FAX03(3260)5637

ISBN978-4-7642-6993-4　Printed in Japan